能源行业新工科人才
创新创业能力培养探索与实践
系列丛书

丛书主编 | 刘向君

铸魂·筑梦·奋进

——石油精神与大学生创新创业教育

肖鸿运　朱　原◎著

四川大学出版社
SICHUAN UNIVERSITY PRESS

项目策划：张宇琛
责任编辑：张宇琛
责任校对：毛张琳
封面设计：墨创文化
责任印制：王　炜

图书在版编目（CIP）数据

铸魂·筑梦·奋进：石油精神与大学生创新创业教
育 / 肖鸿运，朱原著. — 成都：四川大学出版社，
2022.1
（能源行业新工科人才创新创业能力培养探索与实践
系列丛书 / 刘向君主编）
ISBN 978-7-5690-5173-5

Ⅰ．①铸… Ⅱ．①肖… ②朱… Ⅲ．①大学生－创业
－研究 Ⅳ．① G647.38

中国版本图书馆 CIP 数据核字（2021）第 237982 号

书　名	铸魂·筑梦·奋进——石油精神与大学生创新创
著　者	肖鸿运　朱　原
出　版	四川大学出版社
地　址	成都市一环路南一段 24 号（610065）
发　行	四川大学出版社
书　号	ISBN 978-7-5690-5173-5
印前制作	四川胜翔数码印务设计有限公司
印　刷	郫县犀浦印刷厂
成品尺寸	170mm×240mm
印　张	6.25
字　数	100 千字
版　次	2022 年 1 月第 1 版
印　次	2022 年 1 月第 1 次印刷
定　价	35.00 元

版权所有 ◆ 侵权必究

四川大学出版社
微信公众号

前　言

我国石油石化行业发展的历程中形成了许多优良传统、文化、理念和价值导向，这些都为石油精神的孕育与发展奠定了基础。"大庆精神""铁人精神""苦干实干""三老四严"等都是在漫长的石油发展史中传承下来的精神标杆，历经时间的洗礼和记忆的沉淀，铸就了伟大的石油精神之魂。"铁人时代"虽已远去，但石油精神永存。石油精神是在特殊历史背景下产生的一种民族精神，对中国的经济社会发展，尤其是石油与天然气行业的发展有着极为重要的意义。

西南石油大学作为一所行业内高校，承担着服务石油和天然气行业发展的重要使命，将石油精神融入大学生创新创业教育，对于推动学校"世界一流学科"建设，培养能源行业高素质、创新型、复合型人才，培养社会主义合格建设者和接班人至关重要。学校自2015年全面深化创新创业教育改革以来，始终将"艰苦创业""没有条件创造条件也要上"的铁人精神和"爱国、创业、求实、奉献"的大庆精神深度融入创新创业教育全过程，秉持"为祖国加油，为民族争气"的精神态度，立足能源行业、对标世界一流，努力探索出一流学科建设高校创新型人才培养的新路径。

本书着眼将石油精神融入创新创业教育，推动双创教育与思政教育深度融合，探索建立多部门协同育人机制及创新创业教育作为思想政治教育新内容、新载体、新平台的实践路径，形成典型经验，为兄弟院校，尤其是行业内高校开展双创教育改革提供可借鉴、可推广的经验。

　　本书共分六章，第一章主要介绍石油的定义、形成、发展现状以及石油精神的内涵；第二章主要介绍石油精神的形成、发展和实践；第三章主要介绍创新创业教育相关理论基础和发展现状；第四、五、六章着重分析了大学生创新创业教育的内在机制、"互联网＋"背景下石油精神的弘扬和传承以及石油精神与创新创业教育的关系。本书在写作过程中参考借鉴了一众专家学者的研究成果，在此一并表示感谢。

目　录

第一章

石油与石油精神

第一节　国家的血脉

一、石油的定义

早在公元前 10 世纪之前，人们就已经开始采集天然沥青，用以建筑、制药、装饰等，古文字中也有关于采集天然石油的记载。中国是全世界最早发现石油的国家之一。《易经·革卦》有云："泽中有火。"是指石油蒸汽在湖泊水面上起火的现象。"石油"第一次被正式命名是在沈括的《梦溪笔谈》中，沈括对"石油"的命名要比德国人乔治·拜尔 1556 年提出的"petroleum"一词早近 500 年。此外，他还对石油的产状、性能、用途作了大量研究，采集石油，烧呈炭黑状，制成名为"延川石液"的墨，得到了广泛应用。其时开封设有"猛火油作"，生产粗加工的石油产品"猛火油"并应用于军事，这也是世界上最早的炼油车间。在"petroleum"一词中，"petro"指岩石，"oleum"指油，二者相合意指岩石中的油。其实沈括和拜尔所提的石油都是当时对地下自然涌出地表的黑色液体的称谓。

在早期社会发展中，石油开发并没有得到应有的重视，在很长一段时间内发展缓慢。19 世纪中后期，石油工业的产生与发展使人类社会的生产关系发生了巨大改变，石油开始悄然改变人类的生活方式和社会的整体面貌，大规模工业化和现代文明迅速发展。客观来说，石油及石油工业在很大程度上影响了整个世界的发展进程。

1983 年，世界石油大会将石油定义为：石油是含有少量杂质的复杂混合物，以气态、液态和固态烃类化合物为主，主要存在于地下。这里的气态烃通常被称为天然气，是石油的主要类型，在底层条件下溶解于原油之中，在常温和常压条件下呈气相；而液态烃被称为原油，属于石油的基本类型，存在于地下储集层内，在常温和常压条件下呈液态；固态烃通常是指沥青和石蜡，在常温和常压条件下呈固态。因此，从广义上讲，石油指气态、液态、固态的以烃类为主的混合物，包括原油和天然气；从狭义上讲，石油即为原油。

二、石油的性质

古代动、植物的遗体由于地壳运动沉积在地层深处，在缺氧、高温和高压的条件下逐渐变成石油。经过勘探、开采而未经炼制的石油叫作原油。在常温下，原油大都呈流体或半流体状态，颜色多为黑色或深棕色，少数为暗绿色、赤褐或黄色，并且有特殊的气味。由于本身所含胶质、沥青质的量的不同，原油的颜色非常丰富，含量越高，颜色越深，如红、金黄、墨绿、黑、褐红等，有些甚至趋于透明。

石油是从地下深处开采的具有特殊气味的棕黑色可燃黏稠液体。颜色越浅代表油质越好，透明的原油可代替汽油直接加在汽车油箱中。地下浅表层中也有石油，这部分石油以固体状态存在，因石油内部所含轻质成分被蒸发只剩下重质成分而形成，沥青矿就是如此。还有一些石油在地下高温状态时属于黏稠的液体，开采至地面处于常温状态时便成为固体，也是重质成分含量较高所导致的。根据石油在不同位置、温度下的状态，可以判断其油质、胶质、沥青质和碳质成分。

石油的性质因产地而异，黏度范围较宽，凝固点差别也较大。石油在常温下的沸点在 500℃ 以上，可溶于多种有机溶剂，不溶于水，但可与水共同形成乳状液。

石油的主要构成元素为碳（83%～87%）和氢（11%～14%），碳和氢化合形成的烃类是石油的主要组成部分，占整体的 95%～99%。其余为硫（0.06%～0.8%）、氮（0.02%～1.7%）、氧（0.08%～1.82%）及微量金属元素（镍、钒、铁等）。石油中的烃类按其结构不同大体上可分为烷烃、环烷烃、芳香烃和不饱和烃等。一般以烷烃为主的石油称石蜡基石油；以环烷烃、芳香烃为主的称环烃基石油；介于二者之间的称中间基石油。我国原油的主要特点是含蜡较多，凝固点高，硫含量低，镍、氮含量中等，钒含量极少。除个别油田外，原油中汽油馏分较少，渣油占 1/3。

三、石油的成因

通过石油和天然气的构成我们发现，其中的化学成分都是有机物，而目前发现的油田几乎都位于具有丰富生物遗迹的沉积岩中，众所周知，生物细胞中所含脂肪和油脂的主要构成元素也是碳、氢、氧等，由此可以推断，石油的形成应当与古代生物有着较为密切的关系。

关于石油的成因有两种学说，一种是沉积生油学说，又称有机成因学说，这是关于石油来源的主要说法。该学说认为在地质历史时期，有大量的藻类、细菌、蚌类、鱼类等生物生活在湖泊、海洋一带，这些生物死亡后便沉降于海底或湖底并被淤泥覆盖，被覆盖的生物所产生的有机物和无机碎屑混合后沉积至盆底。当盆底的温度足够高时，这些被掩埋的沉积物就会发生氧元素分离，最后留下碳氢元素组成碳氢化合物，并与无机碎屑共同反应生成烃源岩。在地热和压力的影响下，已经和其他多种物质发生化学反应的烃源岩会慢慢生成石油，这些石油在岩石间隙积存，久而久之便形成了油气藏。而沉积物受到压力和温度的影响逐渐压实，最终形成了沉积岩。沉积生油学说中的沉积又分为海相沉积和陆相沉积。海相沉积是指被埋葬的生物在海洋条件的作用下被搬迁埋葬生成石油；陆相沉积是指被埋葬的生物在湖泊条件的作用下被搬迁埋葬生成石油。关于石油成因的另一种学说是宇宙成油学说，又称无机成因学说。该学说认为，石油生成的时间和地球生成时间是一致的，宇宙中一堆漂浮的物质被某一巨大能量合成为地球时就有了石油。

根据传统理论来推断，经过 100 多年的开采，地球上的石油资源终将在不久内枯竭。2000 年，勘探队在越南海岸线不远处进行勘探作业时，钻头在 1600 多米深的海底打出了石油，应该是来自非沉积岩的花岗岩。要知道，这些岩层从未上升至地球表面，而目前尚未得知其中是否有生物化石的印迹，也就意味着随着人类勘探技术的不断提升，地球上能找到的石油资源可能要比预测的多得多。

四、石油的作用

只要细心观察石油与我们生活之间的关系，就会发现我们吃、穿、住、行都与石油息息相关。

从穿衣来讲，我们穿着的衣物材料形形色色，然而不管是多么特别的服装，都需要从石油中提炼纤维。尼龙袜、腈纶毛衣、塑料雨衣等都是以石油产品为原料。人一生中要"穿"掉 290 公斤石油。

从饮食来讲，庄稼从培育、施肥、收割到运输，使用的化肥、杀虫剂是由石油制取的，再到做成可口的美味端上餐桌，整个过程都离不开石油及其衍生品的参与。人一辈子大概要"吃"掉 551 公斤石油。

从居住来讲，我们日常生活里的居住装饰和建筑材料，如门窗、壁纸、布料等，都是石油的衍生品，空调的电能很可能来自燃油发电机，车水马龙的公路可能由沥青的石油产品制成。人一辈子平均要"住"掉 3790 公斤石油。

从出行来讲，人们乘坐的主要交通工具——汽车，主要以石油为燃料。汽车零件也需要用润滑油来保持相互之间的协作与磨合。

由此可知，石油已经渗入了人类生活的方方面面，不仅满足了人类的吃、穿、用、行，工业、农业、军事和民用等行业也离不开石油。

石油作为一种关键性的战略储备资源，与一个国家的经济和军事安全息息相关。在当代世界的发展进程中，石油的作用与日俱增。可以说没有石油，就没有如今的现代文明，所以人们也称石油为"黑色的金子"或"工业的血液"。如今，石油产业支撑着现代经济的兴起和发展，成为一国国民经济的支柱和命脉，也是全世界规模最为庞大、布局最为广泛的产业。在世界排名前 20 的企业中，有 7 家是石油公司。

随着社会经济的进步和科学技术的飞速发展，人类对能源的需求急剧增加，石油在能源消费结构中占据主导地位，极大地推动了社会发展和文明进步。同时，作为一种不可再生资源，石油储量日益减少，石油的稀缺程度关系到其未来支持人类活动的能力及其在世界能源体系中的地位，从而成为人们关注的焦点。在过去的 40 年中，石油一直在全球能源需求量中独占鳌头，显然这种状态将一直持续下去。在当前的能源需求量中，石油占到了 39％的份额，在未来的 20 年中，这一比例可能会略有下降，预计到 2030 年，将占到 36.5％。

随着国民经济的发展和能源结构的改变，我国对石油的需求量急剧增加，而国内原油产量增长近期有所放慢，石油的供需矛盾相对突出。

基于以上论述我们可以断言，在现代社会，石油是人类生活和社会发展不可或缺的物质之一。

第二节　民族的脊梁

石油的开发与利用是一项新兴而古老的事业。石油工业成为中国现代能源生产的一个重要工业部门是在新中国成立以后，而中国发现和利用石油和天然气技术的历史却可追溯至两千年以前。

中国近代石油工业萌芽于 19 世纪中叶，之后又经过了多年的艰辛探索。回顾这一历程，有助于我们深刻认识当代中国石油工业的崛起。

一、建国初期的石油工业

早在公元前 3 世纪至前 1 世纪，在古称临邛也就是现在的四川邛崃发现了天然气，当时称之为"火井"。中国陆上的第一口油井位于陕西延长县西门外，被誉为"中华之最"。陕西延长在我国近代工业历史上具有特殊的地位，我国历史最为悠久的油田便是延长油田。1907 年，延长油田开钻了第一口井，开采初日，油量就达到了 1～1.5 吨，炼制得到的产品经检验后被运往西安等地销售试用。也是在这时，延长石油厂建起了中国陆上最早的"炼油房"。这是中国陆地的第一口油井，史称"延一井"。此井的钻采成功，标志着中国工业开采石油的开始，从此揭开了中国石油发展史上新的一页，结束了中国陆上无油的历史。

我国历史上的第一个工业化油田是玉门油田，据记载，该地区的油苗已有 1700 多年的历史。清朝同治年间，在玉门、赤金等地淘金的乡民在石油河东岸的山坡上修建了一座庙宇以求神灵庇佑。20 世纪 30 年代，地质学家孙建初等人发现并勘探开发石油矿藏时的第一口油井就打在这座老君庙前，因此称其为"老君庙油矿"。老君庙油矿当时属玉门县辖地，故又称"玉门油田"，由此，中国近代石油工业的发展开启了新的篇章。

新中国成立初期，国民经济建设急需石油资源。因此，第一个五年计划中提出，要集中全力开发西北油矿，因此，"一五"计划期间石油工业建设的重点，就是当时的第一个工业化油田——玉门油矿。到1959年，玉门油矿已发展成为一个初具规模的石油工业基地，涵盖地质、钻井、开发、炼油、机械、科研、教育等多个方面。其时，仅玉门一个油矿的产油量就达140.5万吨，占当时全国原油产量的50%左右。之后，全国各石油勘探开采区陆续传来好消息。1955年10月，克拉玛依1号井喷出高产工业油流，举国欢庆。石油工业部在之前勘探经验的基础上凝练总结，从1956年开始调整勘探战略，将勘探和开采力量集中于大盆底和地台，重点也由准噶尔盆地南缘的山前坳陷向西北缘转移，在此战略下很快就探明了克拉玛依油田，这成为新中国成立后石油勘探历史上的第一个突破点。克拉玛依油田是新中国成立以后的第一个大油田，有力地支援了建国初期的经济建设，中国从此甩掉了"贫油国"的帽子。

青海石油勘探局于1958年在冷湖5号构造上打出了日产800吨的高产量油井。东起重庆、西至自贡、南达叙水的西南地区也相继发现了天然气区。

为了支援西南地区，1958年，石油工业部组织了川中会战，这次会战发现了南充、桂花等七个油田，至此，西南地区不产石油的历史结束了。在全国勘探、开采的大势下，到20世纪50年代末，我国的石油天然气基地已经有玉门、新疆、青海、四川四个。

西方学术界认为石油的生成不仅需要温度、压力和时间等的作用，还需要良好的环境，包括大量的有机物及沉积岩等。一百多年来，近代石油工业的3万多个油气田绝大部分是在海相地层中发现的，所以西方学者根据这些现象推断，只有在海相沉积的盆地里才有丰富的石油。而在中国，以李四光、黄汲清等为代表的老一辈科学家根据当时在中国东部陆相沉积盆地发现大量恐龙化石的现象，以及在我国地质特点的基础上分析、总结、归纳得出陆相沉积盆地也能生出石油的结论。这一理论的问世成为世界油田开发的重大突破。也正因该理论的出现，中国石油地质勘探开始向东部转移。新中国成立十周年之际，东北松辽盆地的松基三井喷出原油，标志着一个特大型砂岩油田的诞生，这就是大庆油田。此后，我国原油产量急剧增长。大庆油田的发现，可谓改写了中国石油工业的历史。

二、石油工业进入新的发展时期

1978 年 12 月，党的十一届三中全会召开，作出了从 1979 年起，把全党工作重点转移到社会主义现代化建设上来的战略决策，包括石油工业战线在内的各大战线都出现了前所未有的大好形势。石油战线的广大职工经过艰苦努力，战胜了一系列困难，石油工业从此进入了一个新的发展时期。

七十年代以来，我国石油工业生产发展迅速，到 1978 年突破了 1 亿吨。此后，原油产量一度下滑。针对这种情况，为了解决石油勘探与开发资金不足的困难，中央决定首先在石油全行业实行 1 亿吨原油产量包干的重大决策以及开放搞活的措施。之后，这一决策迅速收到实效，全国原油产量从 1982 年起实现了逐年增长，到 1985 年达到 1.25 亿吨，居世界第六位。

为了多元发展石油工业，我国于 1982 年成立了中国海洋石油总公司；1983 年 7 月，中国石油化工总公司成立。中国第三家国有石油公司——中国新星石油有限责任公司也于 1997 年 1 月成立。至此，我国石油石化工业形成了多家公司团结协作、共同发展的新格局。1966—1978 年，原油产量以每年 18.6% 的速度增长，年产量突破 1 亿吨，原油加工能力增长 5 倍多，保证了国家的生产生活需要，缓和了能源供应的紧张局面，成为当时国民经济的支柱产业。从 1973 年起，我国还开始对日本等国出口原油，为国家换取了大量外汇。

20 世纪 90 年代，为了平衡开发力度，党中央、国务院作出了新的部署：进一步挖掘东部油区的潜力，使老油区产量速度下降；积极加大西部勘探开发力度，使西部油区产量上升的速度加快，即"稳定东部、发展西部"。在这一方针的指引下，经过十多年的不懈努力，我国探索出了一系列在沙漠腹地、黄土塬、山地进行油气开发的技术与经验，逐步突破和解决了西部地区油气藏埋深、渗透率低、远离市场的问题。西部地区油气勘探开发状况发生了重大变化，生产规模也逐步扩大。

到 2004 年，西部地区石油产量区高达 3790 万吨，天然气产量约 224 亿立方米，极大程度上缓解了国内油品供应紧张的局面。与此同时，以陕北为主要工作区域的长庆油田也做出了极大的贡献，从 1988 年原油产量仅 141.7 万吨，到 2005 年已突破 1500 万吨。长庆油田成为当时全国产量增量最大、增速最快的油田，我国的油气储量也逐年上升。

众所周知，我国拥有广阔的海洋面积，地质学界泰斗李四光先生也曾预言："中国油气资源的未来在东海。"根据早先对东海油气资源的勘探开发预测，东海的油气储量达 77 亿吨。而 1999 年我国在渤海发现的蓬莱 19－3 油田已经获得 6 亿吨的油气储量，成为我国当时继大庆油田之后发现的第二大整装油田。我国南海特别是南沙及其周围地区也有非常丰富的油气资源。可以说，21 世纪的石油资源在海洋！

三、中国石油工业现状

经过 70 多年的探索与发展，我国基本上已经形成了较为成熟的、与国民经济和相关行业发展相适应的石油工业体系，以石油化工为基础，相关产品门类丰富、品种齐全。据统计，截至 2019 年年底，我国各省市（自治区）以及靠近海域的区域已经探明油田 756 个，生产石油 71.26 亿吨；天然气田 284 个，生产天然气 2.33 万亿立方米；油气田合计 1040 个。此外，还探明了 7 个页岩气田，累计生产页岩气 492.01 亿立方米；25 个煤层气田，累计生产煤层气 244.78 亿立方米；以及二氧化碳气田。全国含油气区主要分布情况如下：东部，主要包括东北和华北地区；中部，主要包括陕西、甘肃、宁夏和四川地区；西部，主要包括新疆、青海和甘肃西部地区；西藏区，包括昆仑山脉以南，横断山脉以西的地区；海上含油气区，包括东南沿海大陆架及南海海域。

根据目前油气资源的探明程度，从东西方向看，油气资源主要分布在东部、西部和中部；从南北方向看，绝大部分油气资源集中在北方，这种油气资源分布不均衡的格局为我国石油工业的发展和油气供求关系的协调带来重大影响。从松辽到江汉和苏北等盆地的东部老油区占石油储量的74%，以鄂尔多斯和四川盆地为主体的中部区占5.77%，西北区占13.3%，南方区占0.09%，海域占6.63%。而海域中渤海占全国储量的4%，2000年，随着更多渤海大中型油田被探明，海上也表现出石油储量北部多于南部的特点。

目前，我国陆上天然气主要分布在中部和西部地区，分别占陆上资源量的43.2%和39.0%。天然气探明储量集中在准噶尔、柴达木等十个大型盆地。资源量大于1万亿立方米的有塔里木、鄂尔多斯等九个盆地，共拥有资源量30.7万亿立方米。

这期间我国经济仍将保持较快速度增长，工业化进程也进一步加快，特别是交通运输和石油化工等高耗油工业的发展明显加快。此外，城镇人口大幅上升，农村用油比重也有所增加，多种因素导致我国石油需求量继续增长。

石油工业的发展与进步还有力带动了化工、炼油、机械以及交通运输业，以及为这些门类提供原材料与动力的钢、电力和建材等相关工业部门的发展。石油已经成为某些产业部门不可或缺的重要材料。目前，在全国同类产品中，以石油和天然气为原材料的占较大比例，同种类运载器中以石油为燃料的运载器具占比也较高，比如以石油为燃料的铁路机占60%，以石油为燃料的公路运输器具、航空运输器具、远洋运输和沿海运输船舶几乎占100%。除此之外，大批量的农用器具和灌溉设备也多以石油为重要燃料。

我国石油管理和流通体制经历了石油工业部至建立中国石油天然气总公司、组成中国石油化工总公司与中国海洋石油总公司的过程，完成了中国石油与石化集团公司的体制转换，与之相适应的石油流通体制和机制也经历了原油产量和加工量基数包干，海洋石油对外合作、陆上部分地区开放，以及油价"双轨"制到油价并轨和油价与国际接轨等积极改革的过程。特别是1998年以来，我国的石油工业体制又完成了一项巨大的改革，果断地进行了分离改制，中石油、中石化和中海油的根本部分先后在海外成功上市，进一步确立了石油石化企业在市场中的主体地位，完成了石油工业体制向社会主义市场化经济过渡的根本性变革。中国最大的石油、天然气生产和销售企业是中国石油天然气集团，其拥有万亿吨级别的原油年生产能力，石油产量在世界大型石油公司中名列第七。目前，中国规模最大的能源化工公司是中国石油化工集团。这些大型的现代集团对于我们参与国际竞争、保障国家石油安全至关重要。

根据中国近年来的能源实际消费情况，预计我国中长期一次能源需求将快速增加。到 2050 年，一次能源需求量将增加至 66.57 亿吨标准煤。其中，煤炭占 44%，石油占 28%，天然气占 10%，核电占 9%，水力发电占 6%，风电、生物质能发电等新能源和可再生能源占 3.4%。这意味着 21 世纪中叶前，我国一次能源消费仍以化石能源为主。

大庆精神的诞生，为石油人开展工作提供了思想指引。石油人在社会主义新时代建设的各阶段将大庆精神融入企业的实际情况，一方面极大地丰富了企业的文化内核，另一方面凝练出了符合企业发展和状况的特色精神。在一次次的奋斗、拼搏与竞争中，石油人将优良作风与社会主义实践相结合，不断积累、沉淀，最终形成了对我国发展和建设有巨大促进作用和深远影响的以"大庆精神"为核心的石油精神。

第二章

石油精神的内涵

第一节 了解石油精神的本质

爱国，是石油精神的本质反映。石油工业的进展关乎国家的未来与前途。石油人充分认识到了自身岗位的重要性，为国喜而喜，为国忧而忧，以实际行动把自己的汗水和智慧毫无保留地献给了伟大的祖国。

大庆会战时，王进喜同志带领 1205 钻井队来到了大庆油田，看到从四面八方来参加会战的无数战友，他心中满是喜悦与激动。他抹开积雪，从地上抓起一把黑土，大声向战友们说道："大家看，这儿就是大油田，这回咱们可掉进大油海里了！同志们，摆开战场，甩开钻机干吧！把'石油落后'的帽子扔到太平洋里去！"王进喜的这番话代表了当时千千万万奋战大庆油田的工人的心声，在他们心中，国家永远是第一位，他们的一生都与国家的荣誉和利益紧密联系在了一起。

创业，是石油精神的核心。艰苦创业贯穿于中国石油工业的整个发展历程。"有条件要上，没有条件创造条件也要上"，展示了石油铁人们与天地争高下的豪迈气魄；"宁愿把心血熬干，也要保证稳产二十年"，传达了新时期铁人迎难而上的坚定信念；"愈是艰苦，愈要奋斗"，"只有荒凉的沙漠，没有荒凉的人生"，反映了新一代石油人投身事业、一展宏图的决心。事业的追求没有止境，石油人的共同追求是以顽强的创业精神来对待每一项任务和工作，切实将创业行动贯穿始终，把每一个成绩当作起点，持续进行探索与实践。

求实，是石油精神的显著特色。建设油田需要科学求实的态度。"三老四严"是石油人求实精神的表现形式和主要载体，以"当老实的人、说老实的话、办老实的事，严密的组织、严肃的态度、严格的要求、严明的纪律"为内核。正是凭借这种精益求精和严于务实的精神，石油人才掌握了数以亿计、完整准确的资料数据。这段成长的历史，是石油人用自己的心血和青春铸就的奉献的历史。

第二节　追寻石油精神的足迹

一、从"延长"走来

20世纪初，延长油矿成为我国内陆地区最早开发的油矿。1935年，延长石油厂恢复生产，并积极研制出了汽油、煤油、蜡烛、蜡片、擦枪油、凡士林等石油产品，这些物资有力地支援了抗日战争和解放战争，延长石油成为陕甘宁边区政府的主要经济支柱之一。1959年，延长油矿原油产量突破1万吨。六七十年代，延长石油克服了资金不足、技术落后等诸多困难，大力发扬"自力更生、艰苦奋斗"的延安精神和"埋头苦干"的延长石油精神，运用技术革新，实施爆炸、压裂等增产措施，建设热裂化管式炉装置，试制"延安牌"钻机和木质吊油机，总结出了"三匀一快"等钻井方法，多次刷新钻井记录，使企业在困难中得以生存和发展。延长石油人胸怀全局，在坚持自身发展的同时，为克拉玛依、大庆、胜利、中原、长庆等油田输送了千余名管理干部和专业技术人才，为新中国石油工业的发展做出了重要贡献。

新中国成立后，石油厂恢复了采油、炼油工作，原油产量在短短几年里由几十吨提高到1000多吨，圆满完成了党中央下达的任务，为新中国贡献了不朽业绩，充分体现了延长石油人无私奉献的精神。

党的十一届三中全会以后，延长石油在党中央和地方各级政府的关心支持下跨入了崭新的历史时期。石油开采开发架构逐渐趋于多层次、立体化，到1997年，原油产量突破100万吨大关。之后，陕北石油企业得到了快速发展，形成了多层次、多主体、多元化格局，正式进入了有序状态，在陕西经济社会发展中的作用更加凸显。

2007年以后，延长石油确立了"一业主导、多元支撑""油气并重、油化并举，油气煤盐综合发展"的产业发展战略，企业得到了快速发展。同年，原油产量、炼油加工量和油品销售均突破1000万吨大关，成为我国新兴的千万吨级大油田。

"树老根弥壮，阳骄叶更荫"。从老延长发展至今，延长石油走过了1个世纪的时间。经过一百多年的发展，延长石油已成为集油气探采、炼油加工、管道运输、产品销售上下游于一体，油气煤盐综合化工、装备制造、工程设计与施工、技术研发等产业综合发展的新型能源化工企业，为再建百年延长奠定了坚实的基础。这期间，它经历也见证了太多的历史变迁，而之所以能"经风雨而不枯，历百战而不衰"，根本上是因为延长石油的精神深深浸入了每一位延长人的血液。延长石油人肩负着"汇聚能源，延长价值"的崇高使命，遵循"求实、诚信、奉献、责任"的价值观，发扬"埋头苦干、开拓创新"的企业精神，服从大局、遵章守纪、爱岗敬业、积极进取，为把延长石油建设成为令人尊敬的创新型国际能源化工公司而努力奋斗。作为以"自力更生、艰苦奋斗"为核心的延安精神的直接体现，"埋头苦干"将不断为延长石油人提供不竭的动力，带领整个企业乃至石油行业不断向前发展。

二、从"石油沟"走来

"石油沟"其实是老玉门的象征。玉门油田作为中国第一个天然石油工业基地，从1939年至今，已有了80多年的历史。自开发建设之日起，玉门油田就担负着"三大四出"的使命，即要把玉门油田建设成"大学校、大试验田、大研究所"，要"出产品、出经验、出技术、出人才"。从六十年代起，玉门油田先后向全国输送骨干力量10万多人、各类设备4000多台（套），被誉为"中国石油工业的摇篮"。支援新油田、新炼厂，"支援别人，发展自己"也成为玉门油田的一大风格。"玉门风格"在石油行业广为传颂，"苏联有巴库，中国有玉门。凡有石油处，就有玉门人。"一首在石油人中广为流传的打油诗，更是道出了"玉门精神"传播之广泛，影响之深远。1972年，《人民日报》以"玉门风格"为题对这一"石油摇篮"的企业文化进行了专题报道，"不守摊子再创业，脱皮掉肉咱不怕"的顽强拼搏精神和形象再一次呈现在石油行业和世人面前。

总结起来，"玉门精神"主要以艰苦奋斗为核心，以"三大四出"为根本特征。作为中国石油工业的摇篮，"玉门精神"其实是在一代代玉门石油人的奋斗过程中凝结而成的，它包含了自力更生、艰苦奋斗、无私奉献、自强不息的宝贵精神。

20 世纪六七十年代，玉门石油全体员工发扬艰苦奋斗的作风，贯彻勤俭办矿，仅 1971 年前后就为国家节约 100 多万元。为了支援新油田会战，玉门油田机械厂的人员和设备走了一半，玉门的开采和生产面临重重困难。即便如此，工人们努力克服客观困难，创造生产条件，到各油矿回收废旧泵和配件，自制抽油泵，及时总结和推广"找米下锅"的经验做法，在全厂发出"保前线甘当配角，挖潜力找米下锅"的号召，得到了热烈的响应……

七十年代后，玉门油田的原油产量相对稳定，做到了稳产十年，创世界同类油田开发高水平。经过改革开放 40 多年来的建设与发展，油田主要生产装置居国内中上等水平，特油产品均为全国独家，具有良好的生产建设和服务保障能力，在国内享有良好声誉。

展望未来，玉门油田正处在实现可持续发展的关键时期。油田将认真贯彻落实党的十九大精神，牢牢把握科学发展和构建和谐两大主题，以油气勘探、油田开发、炼油化工为重点，以水电供应、工程技术服务和综合业务为保障，推动勘探突破、开发上产、炼化增效、工程技术保障业务加快成长，使油田整体步入和谐发展的轨道，为地方经济和社会发展做出了应有贡献。

一个个生动的玉门故事、一段段启人深思的玉门历史，充分体现了昂扬、积极、奋进的"玉门精神"。

三、从"大戈壁"走来

提到"大戈壁"，我们最先想到的就是新疆，新中国成立后发现的第一个大型油田——克拉玛依油田就在新疆。克拉玛依是维吾尔语"黑油"的音译。克拉玛依黑油山是油田重要油苗露头的地方，因原油长年外溢而结成沥青丘。《魏书·西域传》里就有"流地数十里"的记载。清末文献中称其为"青石峡"，记载此处"多石油"。

新中国成立之初，百业待举，百废待兴，新疆的石油工业被寄予厚望。1955 年 1 月，全国石油勘探会议举行，把新疆确定为重点勘探地区。经过半年的准备，青年钻井队开赴黑油山。众所周知，当时克拉玛依的自然条件非常恶劣，钻井队克服了重重困难，历经百余天艰苦奋战，终于让克一号井喷出滚滚油流，宣告了新中国第一大油田的诞生。这一举动彻底打破了"中国是贫油国"的论断，让国人感到由衷的喜悦和无比的振奋。从这时起，发轫于"不出油、不死心"的黑油山精神所体现出的爱国奉献、艰苦创业的石油精神便深深地融入了克拉玛依石油人的血液中，历久弥坚，代代传承。

1956年，克拉玛依油田投入试采，年产原油1.6万吨。1958年5月，国务院批准设立克拉玛依市，为新疆维吾尔自治区直属地级市。到1960年，油田初步探明含油面积290平方千米，产量占当年全国天然石油产量的39％。之后，克拉玛依等油田的面貌逐渐呈现在世人面前。

改革开放后，克拉玛依油田开始追踪世界石油勘探开发的先进设备和高新技术，通过引进、消化和创新提高自身的技术和装备水平，使探明储量和原油产量实现连续25年稳步增长。经过30多年的艰苦创业和创新发展，昔日的戈壁荒滩已建设成为一个集勘探、钻井、采油、输油、炼油、建筑、运输、机修制造于一体的门类较为齐全的石油工业生产基地，与此同时，油田的石油炼制及化学工业也实现了蓬勃发展。

石油工业的迅速发展也带动了克拉玛依乃至整个新疆地方工程建设、交通运输、社会服务等产业的发展壮大，亘古荒原戈壁上生出了一座现代化工业城市，戈壁大漠从"没有草、没有水，连鸟儿也不飞"的不毛之地日益发展为一个依托石油实现立体发展的工业地区，成为祖国西部一颗璀璨的明珠。

四、从"大庆"走来

1955年石油工业部成立后，国务院对全国的石油普查勘探工作进行了重新分工和统一部署，由于当时探寻石油储量的任务十分迫切，石油部进行了大量的石油普查工作。

1958年，松辽盆地开展了大规模的石油勘探工作，这是新中国成立后第一次贯彻以盆地为整体的勘探部署，属于在广泛的覆盖区开展区域综合勘探的一次成功尝试。经过两年多的普查和勘探工作，勘探人员判明并选定了钻探目标。从打第一口基准井开始到发现大油田，前后仅花费了一年多的时间，成为中国油气勘探史上的一个成功范例。

在中华人民共和国成立十周年之际，松辽盆地又发现了极具工业价值的油流。石油部党组经过认真考虑，决定集中力量，采取会战的形式对其进行开采。这一举措得到了党中央的批准和大力支持，也得到了全国各地、各行业的大力支援。经过积极筹备，一场史无前例的石油大会战开始了。之后，大同镇改为大庆特区，从此，把这里发现的长垣称为大庆长垣，这里发现的系列油田统称大庆油田，在这里进行的松辽会战则改称大庆会战。

会战初期，大庆油田依靠科技进步取得了巨大的成果。多位老专家和一批刚毕业的大学生在极其困难的条件下进行了一系列科学试验，充分发挥和体现了科技对生产力的促进作用，此后，油田规模不断扩大，产量不断上升，为中国石油自给奠定了坚实的基础，得到了党中央和国务院的高度赞扬。

大庆油田的发现，打破了西方的"中国贫油论"，也有力印证了我国科学家提出的陆相生油理论。六十多年来，我国经过不断的自主创新，形成了一整套世界领先的油田勘探开发技术，建成了全球最大的三次采油基地，主力油田采收率突破50%，居国内外同类油田之首。一批重大技术成为国之重器，奠定了我国石油工业在世界油气行业中的重要地位。打造了一支支过硬的"铁人式"职工队伍，先后涌现出以王进喜、王启民、李新民"三代铁人"为代表的一大批先进模范人物，培养出一大批敢于超越、勇攀高峰的科技领军人才，造就了一大批忠诚担当、敢抓善管的经营管理人才，成为我国产业工人的优秀代表。同时，下游产业的稳步发展，促进了区域经济社会的繁荣进步，也成为国家财政收入的重要来源。大庆石化、大庆炼化等企业实力不断壮大，成为东北地区重要的炼化生产基地。如今，大庆市已步入全国小康城市百强行列，城市基础设施更加配套完善，环境更加优美宜居，人民群众的获得感、幸福感和安全感持续增强。

60年的实践探索和历史积淀，铸就了以"爱国、创业、求实、奉献"为主要内涵享誉中外的大庆精神、铁人精神，形成了以"三老四严""四个一样"为代表的石油行业的优良传统作风，为石油精神的孕育、发展和升华做出了历史性贡献。

在大庆油田发现60周年之际，习近平总书记发来贺信。贺信中指出，60年来，几代大庆人艰苦创业、接力奋斗，在亘古荒原上建成我国最大的石油生产基地。大庆油田的卓越贡献已经镌刻在伟大祖国的历史丰碑上，大庆精神、铁人精神已经成为中华民族伟大精神的重要组成部分。

五、从"好汉坡"走来

在陕北这块广袤厚重的黄土地上，有一座大山叫好汉坡，长庆安塞油田就坐落于此，延绵百里，油井林立。

1970年11月，长庆油田会战指挥部成立，拉开了陕甘宁地区大规模石油勘探开发会战的序幕。

1979年底，长庆油田会战指挥部贯彻十一届三中全会精神，落实调整、改革、整顿、提高方针，实现年产原油突破100万吨，成为当时全国为数不多的百万吨级油田。

其间，长庆油田还先后多次整顿建制，调动职工2万余人支援辽河、冀中、华北、中原、华东等地区的兄弟单位开展石油会战，为支援国家建设做出了重要贡献。

1983年7月，安塞油田成为鄂尔多斯盆地第一个探明的以三叠系油藏为主、储量上亿吨级规模的大油田，从而打开了长庆油田三叠系延长组找油的新局面，对油田后期的快速发展具有里程碑式的意义。

1995年9月，由长庆石油勘探局承担主要建设任务的第一条沙漠公路——塔里木沙漠公路建成竣工，荣登1995年全国十大科技成就榜首，成为当时世界上在流动沙漠中修建的最长公路，填补了世界沙漠工程建设的空白。同时入选《中华之最荣誉大典》、"世界吉尼斯之最"。

2003年11月，长庆油田原油产量累计达650万吨，成为我国陆上第五大、西部第二大油气田，中国石油第四大油气田。

2011年12月，长庆油田年产油气当量突破4000万吨，约占当时国内油气当量的 1/4，标志着中国石油"西部大庆"建设整体布局基本完成。

2019 年 11 月，长庆油田油气当量达 5000 万吨，连续七年实现油气当量超过 5000 万吨；同年 12 月 31 日，年产油气当量首次突破 5700 万吨，创下了长庆油田年油气产量的历史纪录。

经过 50 年的艰苦创业与开发建设，长庆油田已经发展成为保障国家能源安全的排头兵，累计为国家贡献油气当量超 7 亿吨，成为保障国家能源安全、改善能源结构、提升人民福祉的中流砥柱。

长庆油田会战以来，几代石油人始终坚持党的领导，牢记"我为祖国献石油"的光荣使命，将自身命运融入我国石油工业和经济社会发展的历史进程，不断解放思想、艰苦奋斗、改革创新、持续发展，锤炼形成了"攻坚啃硬、拼搏进取"的长庆"磨刀石"精神和"不甘人后、永争第一"的长庆作风，以实际行动彰显了种子队和排头兵作用，为油田的持续发展凝聚了强大的精神动力，持续引领长庆人扎根盆地、攻坚克难、为油奉献，高水平、高质量地建成了我国 21 世纪陆上产量增幅最大、发展速度最快、成长性最好的大油气田，谱写了传承和发扬大庆精神、铁人精神，扎根西部、石油报国的壮丽诗篇。

六、从"塔里木"走来

塔里木盆地是我国地面环境最恶劣、地质条件最复杂、勘探难度最大的含油气盆地，其勘探与开发面临诸多世界级难题。人们常用"死亡之海""生命禁区"来形容其环境之恶劣。实际上，比严酷的自然环境更难以克服的是错综复杂的地质情况，人们常常说，它"就像一个摔碎后又被踢了一脚的盘子"。

二十多年来，塔里木油田充分发挥"两新两高"的新优势，大力实施科技兴油，创造了令人赞叹的"塔里木速度"和"塔里木模式"，经过一系列发展与努力，塔里木油田油气当量产量跃至 2000 万吨，成为我国第四大油气田和重要的天然气生产基地。

"十一五"期间，塔里木油田以国家科技重大专项为载体，突出工程技术现场试验和新技术推广应用，在产、学、研有机结合的科研形式的推动下，新技术现场应用实现突破性进展，直接推动了油气藏的发现和油气产量的快速攀升，取得了一系列辉煌成果。油气勘探成本远低于国际油公司平均水平，原油操作成本连续多年低于国外油公司同期水平，也是中国石油的最好水平。

科学探索的道路上从来就没有坦途，塔里木油田的油气勘探更是如此。勘探期间科研工作者经历了几度挫折、几度起伏，但他们始终坚信"大油气田从勘探实践中来"的真理，锲而不舍地进行地质研究和理论创新。在困难和挫折面前，他们始终保持坚定的信心，敢于创新，敢于否定，不怕失败，实现了勘探方面的持续突破。

经过多年探索，油田已经探索形成了水平井优化设计、水平井钻井地质跟踪、水平井完井及采油工艺、水平井动态监测与分析等技术系列，广泛应用于新油田的开发和老油田的调整，在气顶底水油藏、底水油藏、薄油层油藏、低渗透油层均得到了成功应用，取得了良好效果。

塔里木石油人坚持以我为主，从引进到自研、从模仿到创新，逐步创建、形成和完善了一系列国际国内领先、具有塔里木特色的勘探配套技术。塔里木的勘探开发史，就是一部科技进步史，开放的科研体系推动着勘探开发不断取得的新成果。塔里木石油会战的历史证明，科技创新是油田大发展的不竭动力，它成就了塔里木过去的辉煌，也为塔里木未来实现新的发展目标提供着最有力的支持。

建设中国油气资源重要战略基地这一使命从国家能源安全的大局和石油工业战略发展的需要出发，是历史赋予塔里木的光荣使命，具有重要的现实意义和深远的历史意义。"只有荒凉的沙漠，没有荒凉的人生。"塔里木石油人在极其恶劣的自然条件下，肩负国家重任，追求人生价值，创造社会财富。虽地处荒漠，但塔里木石油人的事业没有荒废，塔里木石油人的技能没有生疏，塔里木石油人的油田没有荒芜。崇高的精神宛如一座灯塔，始终为塔里木石油人指引着前进的方向。

新时代背景下，塔里木石油人的斗志没有丢失分毫，他们依然沿着前辈的足迹砥砺前行，努力绽放充满时代特色的精神花蕾。

七、从"海外"归来

20 世纪 90 年代，国际石油市场风起云涌，以保障国家能源安全为己任的中国石油工业面临重大挑战。党中央、国务院于 1993 年明确提出要"充分利用国内外两种资源、两个市场"发展石油工业，实施"走出去"战略。1994 年，中国石油天然气总公司成立国际勘探开发合作局，石油行业的国际合作步入新的发展时期。多年来，中国石油大力拓展海外业务，不仅在国际竞争中崭露头角，还持续在拓展国际化市场的过程中扩大经营规模、提升自身实力。为了在国际市场中站稳脚跟，除了不断研究和创新先进技术，我们还锻造了一支支高素质的人才队伍。同时，为了更好地参与企业管理和合作，我们不断建立和完善海外项目运作管理模式以及油气国际业务的制度和流程，成为国际知名石油公司和资源国石油公司信赖的优选合作伙伴，在此基础上，海外事业不断发展扩大，赢得了外国同行的认可与尊敬。

近年来，中国石油海外合作在国际化经营上稳扎稳打，众多项目发展由小到大，抗风险能力由弱到强，在强手如林的国际石油市场开拓出了属于自己的生存空间，取得了令人瞩目的成果。诸多国际业务也纷纷"走出去"，逐步走上了自我积累和发展之路，在海外创业史上留下了坚实的足迹，也走出了一条符合中国石油工业实际的海外发展之路。

累累硕果，彰显了中国石油的技术实力，更成为我们国家在国际市场上一张亮眼的名片。经历了初期的坎坷与波折，中国石油迎来了越来越坚定的信任目光，在国际石油市场上的自主权与话语权也越来越大。

30 多年来，中国石油一步一个脚印，走出了一条具有自身特色的海外创业之路。经历了"走出去"的风雨砥砺，我们拥有的不仅是"中国勤劳"和"中国速度"，更有"中国力量"和"中国智慧"。相信日后，中国石油也将更加成熟和稳健，更加懂得责任与担当。

第三章

创新创业教育相关概念界定

第一节　创新创业教育

一、创业与创业教育

（一）创业

创业一词很早就出现在众多学者的研究文献中，由于它涉及诸多等科知识，关于对它的定义也是多种多样。

创业在《新华词典》里被定义为开创事业。创字当头，业为基础。顾名思义，任何一项事业都要经历一个由无到有、由小到大、由简到繁、由旧到新的创造过程。

创业是一种创新性活动，它的本质是独立开创并经营一项事业，从而使该事业得以稳健发展、快速成长。创业是一个新颖的、创新的、灵活的、有生命力的、有创造性的，以及具备一定风险的过程。有学者说，发现并把握机遇是创业的一个重要组成部分；是包括创造价值、创建并经营一家新的营利型企业，通过个人或群体投资组建公司，提供新的产品或服务，以及有意识地创造价值的过程；是创造不同价值的过程，这种价值的创造需要投入必要的时间和付出一定的努力，同时也要承担相应的心理和社会风险，并能在金钱和个人成就感方面得到回报。

综上所述，创业是这样的一种过程，个人或团队使用组织力量寻求机遇去创造价值和谋求发展，并通过创新和特立独行来满足自身的愿望与需求，同时运用各种方法对现有条件进行充分利用与开发，从而产生符合自己预期的成果。

本书将创业解释为一种由创业主体主导的，在政治、经济文化等方面拓宽发展机遇的同时能提供一定机会和获利的行为创新。根据这一定义，可以将创业所涵盖的特点总结如下。

第一，创业是创业主体在行为上的探索和创新，因此创业和创新是联系在一起且有从属关系的。第二，创业发生的情景不只局限于经济层面，在其他层面如文化领域等也有涉及。第三，创业一定是动态发展的，停止的状态无法产生这一行为。

因此，高校在创建创新创业教育体系时不能停留于静态知识的传授，还应该结合时代发展趋势、社会形势、经济情况、文化特色等将培养学生创新意识和精神融入教育教学的过程之中。

（二）创业教育

对于创业教育一词，从字面上看，人们往往会认为它是教育者对受教育者开展创业理论知识传授、创业实践指导等方面的内容。虽然很多专家学者研究多年，但是由于每个人的立场角度不同，考虑的要素不同，观点也不尽相同。有人认为创业教育是一种素质教育，以培养学生的创业相关意识、能力和精神为目的，通过完善课程实践来完成；也有人认为创业教育是以提高学生创业能力、开发学生潜能为目的。联合国教科文组织是这样定义的：创业教育，从广义上来说是指培养具有开创性的个人。当今社会，首创、冒险精神，创业和独立工作能力以及技术、社交、管理技能日益受到人们的重视。1989 年"面向 21 世纪教育"会议上提出"第三种教育模式"，它指出，创业教育是继学业教育和职业教育之后提出的能够给人们生活带来更好的将来的教育模式。创业教育是使受教育者能够在社会经济、文化、政治领域内进行行为创新，开辟或拓展新的发展空间，并为他人和社会提供机遇的具有探索性行为的教育活动。

基于对文献资料的查阅及多年工作经验的总结，本书也将创业教育的定义分为广义和狭义两种。在狭义层面，创业教育可以理解为将提升大学生创业素质视为第一责任，将培养学生创新思维和创新能力视为第一要义，将引导学生为社会做贡献视为第一使命的教育活动。创业教育作为培养创业者的教育活动，其内核必然关注人的本质力量的培育和主体性的塑造。将人的自由与全面发展作为核心价值观，是创业教育的义理所在。在广义层面，创业教育可以理解为锻造和培养创业者的教育活动。因此，可以得出这样一个观点，创业教育的概念范围与意义小到提升学生的创业能力，大到缓解学生的就业压力。

二、创新与创新教育

（一）创新

创新是指凭借现有的思维模式提出有别于常规思路的见解，利用现有的知识和物质，在特定的环境中，本着理想化需要或为满足社会需求而改进或创造新的事物、方法并获得一定效益的行为。创新是一种创造性的实践行为，为的是增加利益总量，需要对事物进行发现、利用和再创造。

创新涵盖众多领域，包括政治、军事、经济、社会、文化、科技等，可以分为科技创新、文化创新、艺术创新、商业创新等，是指人们为了发展需要，运用已知的信息和条件，突破常规，发现或产生某种新颖、独特的有价值的新事物、新思想的活动。其本质是突破思维定势或常识规律，对事物的结构、性能和外部特征，或者是表现形式及具体内容进行丰富和完善。

基于此，本书从广义和狭义两个角度出发去理解创新。从狭义的角度出发，可以将创新定义为通过发明创造或者改进、改善某一论断或方式的行为来实现技术与经济的融合。从广义的角度出发，就是给创新一个经济效果的定位，可以认为是各个领域同经济领域结合后表现出的体制、技术等方面的创新，是一种主体在已有社会资源的基础上产生的一种行为活动、技术或思维。

创新是一个民族进步的灵魂，是一个国家兴旺发达的不竭动力，也是一个政党永葆生机的源泉。近代以来，人类文明进步所取得的丰硕成果，主要得益于科学发现、技术创新和工程技术的不断进步，得益于科学技术应用于生产实践中形成的先进生产力，得益于近代所带来的人们思想观念的巨大解放。人类社会从低级到高级、从简单到复杂、从原始到现代的进化历程，就是一个不断创新的过程。不同民族的发展速度有快有慢，发展水平有高有低，而究其根本，造成这些区别的主要原因就是民族的创新能力水平。

具体来说，创新就是创业主体在相关学科背景下，在所积累知识能力的基础上，跳出思维惯性来发现新事物的过程。当然，从不同的角度去解释，创新又会有不同的定义，它不单单是指技术上的发明创造，更可以作为一种用以盈利的生产能力，包含产品、生产方式、市场、管理模式、盈利方式等多方面。如今，创新也已经拓展到知识创新、科技创新等各个领域。

（二）创新教育

而关于创新教育的定义，也有来自不同层面的理解。有人认为创新教育是以培养学生创新意识、思维、能力为目标的教学活动；也有人认为创新教育是相较于传统教育来说的，属于一种全新的教育方式。创新教育的蓬勃发展得益于环境和时代的变化要求，其教学内容不仅包含分析判断环境的能力，还涵盖学习、实践、寻找机会等能力的培养。

用一句话来总结广义层面的创新教育，就是推动社会人实现创新的教育，所有培养和提高人创新思维和能力的教学活动都可以被称为创新教育。在这个过程中，自然就需要作为人才培养主阵地的高校发挥作用，肩负起实施创新教育的责任，并开展一系列相关的教育活动。因此，高校的创新教育绝不能是敷衍、流于表面的，而一定要突破传统形式，引导学生主动作为和思考，从而不断实现各个层面的完善和突破。

所谓创新教育，就是使整个教育过程被赋予人类创新活动的特征，并以此为基础，达到培养创新人才和实现人的全面发展目的的教育。所谓创新人才，应该包括创新精神和创新能力两个层面。其中，创新精神主要由创新意识和创新品质构成。创新能力则包括人的创新感知能力、创新思维能力和创新想象能力。从二者的关系来看，创新精神是影响创新能力生成和发展的重要内在因素和主观条件，而创新能力的提高则是对丰富创新精神最有利的理性支持。

实施创新教育要从培养创新精神入手，以提高创新能力为核心，带动学生整体素质的自主构建和协调发展。创新精神和能力并非完全是天生的，它虽然在一定程度上受遗传因素的影响，但关键还是在于后天的培养和教育。创新教育的过程不是受教育者消极被动地被塑造的过程，而是充分发挥其主体性和能动性，使受教育者不断认识、追求探索和完善自身的过程，亦即培养受教育者独立学习、大胆探索、勇于创新的能力的过程。因此，在教学过程中要致力于培养学生的创新意识、创新能力及实践能力。

本书综合考虑新时代发展的形势与背景，顺应国家高等教育的新要求以及社会的发展需要，提出创新教育作为一种全新的教育模式，要转变既往的传授模式，与时俱进，加入新理念、新方式，主动发现、挖掘和培养学生的创新潜能，不断完善教学内容，革新教学方式，努力将学生培养成能独当一面、能创新思考、能学以致用、能推动社会发展的创新型人才。

三、创新创业教育

（一）创业教育与创新教育的关系

创业教育和创新教育既彼此联系，又各有不同。前者看重的是创业基础知识被创业主体吸收的程度，后者则更看重一个"完整的人"的全面发展。我们可以从以下两方面入手理解二者之间的关系。

1. 创业教育与创新教育内容相通、目标一致、功能相同

创业作为创新的重要基础，是其主要的物质载体和集中表现形式。创业既可以检验创新水平的高低，也是判断创新实践成功与否的关键。而创新是否具有良好的实施效果，也对创业的成功有着十分重要的影响。二者在主要内容上相互贯通、相辅相成，但也有着本质上的区别。创业教育相对更为强调针对创业主体进行创业基础知识方面的传授，从而忽略了创业主体自身的影响，往往难达以到本来制定的目标和要求。创新教育旨在针对不同人群进行合理有效的引导，使其自身的发展更加全面而具体，在一定程度上弥补了创业教育的短板。二者相互促进又彼此制约，属于辩证统一的关系。创新教育不再延续以往传统的教育思维，而是对教育功能进行重新定位；不再拘泥于教育方法及内容，而是究其根本，对教育进行全局性、根本性的变革。

随着新时代的发展，国家对高等教育也提出了新的要求。这就促使高校抓住机遇，肯下功夫，为国家培养出更多具备创业能力、创业素质

的高质量人才。在新信息经济时代，知识与经济的结合越来越紧密，只有具有创业能力、创业素质的高质量人才才能紧跟时代脚步，适应新的社会发展趋势，从而在时代的洪流中站稳脚跟。

2. 创业教育是创新教育的深入

在为创业教育和创新教育定义时，我们发现创业的过程中往往伴随着一系列创新事件，所以，完全可以把创新看作创业的基础。在从事创业的过程中，创业主体不仅需要具备扎实的创业基础理论知识，还要具备组织管理、沟通协调、决策判断等多种综合能力，以及较强的创新思维和冒险精神。因此，我们开展创新教育和创业教育，实质上就是在不断地完善人才体系，塑造成熟的创业者。可以说创新教育的深入和具体化就是创业教育，创新教育一定存于创业教育过程之中。

综上，我们可以这样定位创新教育和创业教育的关系，二者在高校开展创新创业人才培养的过程中是密不可分的有机整体，彼此之间既相互促进又相互制约。

（二）创新创业教育的含义

创新创业教育以培养具有创业基本素质和开创型个性的人才为目标，其不仅仅是一种以培育在校学生的创业意识、创新精神和创新创业能力为主的教育，而是要面向全社会，针对那些预备创业、正在创业或已经成功创业的创业群体，分阶段、分层次地进行创新思维培养和创业能力锻炼的教育。创新创业教育本质上是一种实用教育。

从字面含义去理解创新创业教育，我们可以把它看成创业教育和创新教育的叠加，是创新教育、创业教育两种教育模式的升级革新。而具体来看，创新创业教育绝非简单的创新教育、创业教育的组合，而一定是将创新理念和理论知识同创业教育的理论、实践进行有机融合，从而展示出一种全新的教育面貌。关于创新创业教育，很多学者都提出了自己的观点，但他们都是基于自己的研究领域和视角谈对于创新创业教育的理解，尚未形成一个统一且明确的定义。有学者认为，高校的创新创业教育是一种突破传统的教育模式，以培养大学生创新素质、提高大学生创新能力、促进学生全面发展为目的的全新教育体系。也有学者认为，创新创业教育是一种传递、讲授、培养创业能力、管理能力及探险家精神的教学活动。

基于相关研究及文献资料，本书将高校创新创业教育定义为一种融合多种教育理念，以大学生为教学对象，开发其创新思维、提升其创新创业能力、培养其创业精神的顺应时代潮流、与时俱进的新型教育方式，有利于培养创新创业人才，缓解就业压力，为社会输送实用的高素质创新型人才的教育活动与类型。

（三）创新创业教育的特点及相关对策

创新创业教育极为看重对人才创新创业意识、能力和精神的培养，旨在帮助人才实现由被动待选向主动作为的转变。根据这一特点，可采取以下对策。针对在校大学生开设创新创业教育课程，为不同时期的创新创业者提供不同的帮助；开展各项创新创业实践活动或比赛，鼓励学生参与其中；通过成立社团、创新创业中心等让学生在实践中感受创新创业的意义，激发他们的创业激情与兴趣；结合高校实际，创办符合校情的创新创业机构，为学生的理论学习和实践活动提供相关发展平台。

创新创业教育相关对策的独特之处体现在以下几方面。其一，注重意识培养。启蒙学生的创新意识和创业精神，帮助学生了解创新型人才的素质要求，了解创业的概念、要素与特征等，使学生掌握开展创新创业活动所需要的基本知识。其二，促进能力提升。解析并培养学生的批判性思维、洞察力、决策力、组织协调能力与领导力等各项创新创业素质，使学生具备必要的创新创业能力。其三，强调环境认知。引导学生认知当今的行业环境，了解创新创业机会，把握创新创业风险，掌握创新创业模式开发的过程、设计策略及技巧等。其四，开展实践模拟。通过创业计划书撰写、模拟实践活动开展等，鼓励学生体验创新创业准备的各个环节，包括市场评估、流程管理与风险预测等。

第二节　创新创业教育理论

1991年，创业创新教育国际会议将创业创新教育界定为：培养最具开创性个性的人，创新创业教育包括首创精神、冒险精神、创业能力、独立工作能力以及技术、社交和管理技能的培养。

教育部指出，在高等学校开展创新创业教育，积极鼓励高校学生自主创业，是教育系统深入学习实践科学发展观，服务于创新型国家建设的重大战略举措；是深化高等教育教学改革，培养学生创新精神和实践能力的重要途径；是落实以创业带动就业，促进高校毕业生充分就业的重要措施。

国家高度重视高校创新创业教育活动的开展，坚持"强基础、搭平台、重引导"的原则，旨在打造良好的创新创业教育环境，优化创新创业的制度和服务环境，营造鼓励创新创业的校园文化氛围，着力构建全覆盖、分层次、有体系的高校创新创业教育体系。

一、创造力理论

创造力是人类特有的本质，主要是指产生新思想，发现和创造新事物的能力，由知识、智力、能力及优良的个性品质等多重因素综合优化构成。

一个人是否具有创造力，是衡量与区分人才的重要标志。例如创造新概念、新理论，更新技术，发明新设备、新方法，创作新作品等都是具有创造力的表现。创造力是一系列连续的、复杂的、高水平的心理活动，它要求人体力和智力的高度集中，以及创造性思维要努力维持最高水平。

创造力在人类生活中起着至关重要的作用，新的思想理念的产生和新鲜事物的发现都离不开人的创造力。使事物具备强烈的独特性和新鲜感是创造力带给人们的重要感受，也是其不同于人类其他能力的重要特点。从认定创造力的视角出发，其所带来的社会价值以及个人价值十分重要。大部分学者认为，创造力源于创新性思维，是通过多个维度形成的综合能力，包括人的基本智力、后天学识、品格品质等。

基本智力。高水平智力是催生创造性思维的重要基础。广义上的智力是指生物在对客观事实进行辨别、理解、判断后，运用自身能力处理相关事务的能力，其贯穿了脑力思维、外在表达以及经验习得等。

后天学识。优质的创造行为往往来自扎实的知识基础，这是合理创造、深化创造、前沿创造的基本前提。人们通过后天对知识内容的理解、吸收和转化从而形成自身的创造能力。

品格品质。包括个人的综合素质、道德情操、价值体系等多方面的内容，不同个体面对不同的社会环境及社会条件会形成不同的品格品质，同时直接导致其在社会活动中产生一定的创造意识和创造能力。良好的品格品质能够使个人的创造力得到更为充分的发挥，影响范围也会更加积极广远。

基本智力、后天学识、品格品质三者不可分割、彼此关联，从而反映出不同人创造力的差异。高等教育正包含了这三个维度，高校对当代大学生创造能力的培养通过课程、实践等育人环节而展开，所以创造力理论是高校创新创业类课程革新与发展的重要理论依托。

二、创新和"创新人"

（一）创新理论

创新理论起源于拉丁语，有三层含义：更新，创造新的东西，改变。直观来讲，创新就是利用已存在的自然资源创造新事物的一种手段。著名经济学家熊彼特首先提出用以解释资本主义经济发展和周期的相关理论，他把创新定义为建立一种新的生产函数，包括引入一种新产品、采用一种新的生产方法、开辟新市场、获得产品的新供给来源、建立新的企业组织形式等。

创新作为一种理论，可追溯至1912年美国哈佛大学教授熊彼特的《经济发展概论》一书。熊彼特在书中提出："创新是指把一种新的生产要素和生产条件的'新结合'引入生产体系。"熊彼特独具特色的创新理论奠定了其在经济思想发展史研究领域的独特地位，也成为他经济思想发展史研究方面的主要成就。熊彼特认为，资本主义经济打破旧的均衡而又实现新的均衡的力量主要来自内部，其中最重要的就是创新，正是创新引起了经济的增长与发展。熊彼特在由创新波动引起的繁荣和衰退交替出现的"纯模式"的基础上，提出了"第二次浪潮"的概念，即创新浪潮的后续反应，其特点是需求、物价和投资膨胀，投机行为急剧增加，并导致失误和过度投资。由此说明了"纯模式"和资本主义实际经济周期的"四阶段模式"（繁荣、衰退、萧条、复苏）之间的内在联系。他还认为，由于经济领域中存在多种创新活动，而不同的创新活动所需的时间长短不一，对经济的影响范围和程度也各不相同，从而出现多种周期。

熊彼特关于创新的基本观点中，最基础的一点即创新是生产过程中内生的。他认为经济生活中的创新和发展并非外部强加的，而是内部自行发生的变化。这实际上强调了创新中应用的本源驱动和核心地位。20世纪60年代，新技术革命迅猛发展，美国经济学家罗斯托提出了"起飞六阶段"理论，技术创新在创新活动中的地位日益重要。但随着技术创新的迅猛发展，其表现出了越来越强的知识依赖性，创新由易变难，逐渐成为高知识积累群体才能完成的工作，这也无形中导致了创新与应用间壁垒的形成。

当然，随着科技的进步和社会的发展，人们对创新的认识也是在不断演进的。特别是知识社会的到来，促使人们对创新模式的变化进行进一步的研究和认识。

创新产生于研究领域，经历一段时间后在应用领域得到接受和采纳，成为人类更为熟悉的创新扩散模式。在创新扩散研究中，最具代表性的是罗杰斯的研究工作，他所提出的创新扩散理论从20世纪60年代起一直在领域内居于主导地位。罗杰斯认为，创新扩散受创新本身特性、传播渠道、时间和社会系统的影响，深入分析了影响创新采纳率和扩散网络形成的诸多因素。在21世纪，信息技术推动下知识社会的形成及其对创新的影响得到了进一步证明，科学界深刻反思关于技术创新的认识，创新被认为是各创新主体和创新要素交互作用下的一种复杂涌现，是创新生态下技术进步与应用创新的双螺旋结构共同演进的产物，关注价值实现、关注用户参与、以人为本的创新 2.0 模式也成为 21 世纪关于创新的再次探索和深入实践。

（二）"创新人"假设

20 世纪 90 年代以来，随着知识经济的崛起和信息技术的迅猛发展，世界进入了以知识为基础的经济时代。知识经济时代呼唤知识管理，而知识管理又需要管理学的相关知识。因此对人的假设又有了新的发展，即提出了"创新人"（或称"学习人"）的假设。

20 世纪 90 年代，德鲁克提出"创新人"假设，这是一种关于人性假设的全新理论。德鲁克认为，企业中各成员及企业自身创新能力的提升是企业管理者与领导者身份转变的重要标志。创新人假设包括三个部分：第一，从马斯洛需求层次理论视角来看，需求层次的不断提高是人的本质特点之一，而人类本体的创新突破就是向着终极自我的不断靠近。第二，新时代变革下，人们需要积累总结并开发自身的创新能力，从而更好地应对时代变革下的社会发展。第三，企业向好向上发展的重要依托点是创新，企业管理者通过制度保障、政策支持、激励机制营造竞争性、公平性、自由性并存的企业发展模式，从而使企业员工在创新中提高生产力、创造自身价值、完成工作目标，实现个人与企业的共赢。综上所述，"创新人"假设的重点在于个人对性能创新的强烈需要与不断追求。

"创新人"假设的主要代表人物有德鲁克、哈默、圣吉等。德鲁克在《九十年代的管理》和《21 世纪的管理挑战》等书中都强调了创新的重要性，强调现代管理者必须成为变革的领导者，必须学会使现有组织具备创新能力，如果不能实现创新，其后果相当严重。

哈默和钱皮在《公司再造》一书中提出要对公司的整个运作过程进行根本性的重新思考，并加以彻底的变革，从而使公司的实绩有显著的长进。他们强调公司再造必须以人为中心，发挥领头人、流程主管和协调人员的重要作用，以发动一场巨大的变革行动。

圣吉在《第五项修炼——学习型组织的艺术与实务》中提出了学习型组织的理念，指出作为学习型组织的成员应该具有系统思考、超越自我、改善心智模式、建立共同愿景和团队学习这五项修炼技能。这种思想是一种全新的富有变革意义与精神的管理思想，其中"系统思考"体现了管理的系统和动态的变革观，力图"从任何局部的蛛丝马迹中看到整体的变动"；"超越自我"反映了新的价值观和利益观：不是不要个人利益，而是要有更为远大的目标，要从长期和整合全局的整体利益角度出发；"改善心智模式"要求员工在分析事物时，以已有的心智模式为基础，不断反思和探询他人的心智模式；"建立共同愿景"要变革传统的目标管理，建立融合每个人利益的共同愿景；"团队学习"是指运用深度会谈来发展员工和团体之间的合作关系，使个人的力量得以通过集体实现。

"创新人"的假设要点如下：人的需要层次由低级向高级不断升华，不仅是为了自我实现，而且是为了创新，寻求工作上的创意和意义。人们力求在工作中不断创新、有所成就，通过持续的创新来发展自己的技术和能力，以便适应知识经济的发展变化。为了实现持续创新，人们要能够自我控制与自我激励；要求组织（企业）和社会创建一种宽松、自由、灵活的外部环境，并综合运用多种手段激励人们不断创新，从而促进组织（企业）和社会的持续发展。个人创新与组织目标的实现之间并不冲突，而是保持一致的。在适当条件下，个人会尽力调整自己的创新目标，使之与组织目标相一致；组织也要为个人创新目标的实现提供必要的条件、环境和物质保障，以便更好地实现组织的目标。

三、协同创新

协同创新是以知识增值为核心，企业、政府、知识生产机构和中介机构等为了实现重大科技创新而开展的大跨度整合的创新模式。协同创新是通过国家的整体引导和机制安排，促进企业、大学、研究机构发挥各自的能力优势，整合互补性资源，实现各方的优势互补，加速技术的推广应用和产业化发展，协作开展产业技术创新和科技成果产业化活动，是当今科技创新的新范式。

协同创新是一项复杂的创新组织方式，其关键是形成以高校、企业、研究机构为核心要素，以政府金融机构中介组织创新平台，以非营利性组织等为辅助要素的多元主体协同互动的网络创新模式，旨在通过知识创造主体和技术创新主体间的深入合作与资源整合，实现创新资源和要素的有效汇聚，充分释放"人才、资本、信息、技术"等创新要素的活力而实现深度合作，从而产生系统叠加的非线性效用。

创新在最开始用于解释经济学中非技术性产品性能及过程化的商业化行为，它建立了一种全新的生产函数，将相关生产要素同条件进行组合后作用于生产体系。与之前发明一类新技术、新设备等不同的是，创新是将已有技术运用于企业，帮助企业实现自身的经济和社会效益，进而增强创新的功能或效率。对于这一过程，我们称之为"协同创新"。根据以上内容可以分析得出，协同创新实质上就是由多个行为主体，如政府、企业、高校等建立起的一种为取得重大科技成果而分享技术、知识、能力等，进而实现组织模式创新的机制。同时要将创新要素和资源进行有效整合，从而打破各行为主体之间在信息、资本、人才和技术等方面形成的壁垒。在这一机制下，相对创新主体通过多种模式和方式进行协作，相互依靠，共建平台，实现资源共享，并朝着共同的目标奋斗迈进。

第三节　创新创业教育发展概况

一、创业教育发展

创业教育是培养人的创业意识、创业思维、创业技能等各种综合创业素质，并最终使被教育者具有一定创业能力的教育。创业教育被联合国教科文组织称为教育的"第三本护照"，被赋予与学术教育、职业教育同等重要的地位。有人认为，创业是指在混乱无序、变化和不确定的环境中勇于承担责任，积极主动地寻求与把握机会，高效地整合与利用资源，明智地决策，创造性地解决问题，创新并创造价值的过程。创业既指向目标达成，有时也指向创造性的破坏。因此，创业首先不能仅仅被当作一种商业活动，而是渗透于人们生活中的一种思维方式和行为模式。创业活动要求大学生具备自主、自信、勤奋、坚毅、果敢、诚信等品格与创新精神，要求大学培养未来创业者与领导者的成就动机、开拓精神、分析问题与解决问题的能力。创业教育的宗旨在于培养学生的创业技能与开拓精神，以适应全球化、知识经济时代的挑战，促使人们将创业作为未来职业的一种选择，促进转变就业观念。它不仅传授关于创业的知识与能力，更重要的是，要让学生学会树立创业思维，进行创业相关思考。其次，创业需要创业教育提供基础，即要经过严格的学术训练和知识准备，使未来创业者具备优质的战略眼光、良好的沟通协调能力、较强的营销能力和决策能力，并具备较高的情商。在我国，创业教育的真正兴起源于一系列创业计划大赛的举办，创业教育在高等教育中开始生根发芽。

创业相关概念及创业教育在中国兴起后，部分学者开始自发参与到相关的研究与探索中去。他们提出，希望通过举办创业类大赛培养大学生的创业精神，从而促进大学生创业兴趣，提升大学生的创业能力。借助举办创业类大赛的契机，各大高校逐步踏上了系统探索创业教育的征程。例如，武汉大学围绕创业、创新、创造三类概念开展学生能力素质教育。复旦大学将创业概念融入教育教学，部分高校还创立了大学生创新创业科基金以支持科学技术的转化。高校在创新创业教育落实过程中的大胆尝试激发了广大学生的创业热情，在国内掀起了创新创业的学习热潮。

20世纪末，我国出台了《面向21世纪教育振兴行动计划》，计划中指出，高等院校的科技成果转化是催生产业转型技术革新的重要路径；高等院校应将科技成果转化与产学研落地相链接，选拔科学研究型学生积极参与高新技术的研发及转化，通过创新型创业对相应的产业资源进行革新，对产业结构进行重组，进而营造良好的创业氛围，开展优质的高等院校创业教育。之后经过三年的持续发展，我国创新创业教育又掀起了一阵热烈的实践浪潮，探索出了一系列高效高质的教育路径，涌现了一批批重要的教育载体，让学生能够学有所用、学有所成。

之后，教育部门重点研究探索了创业教育的多种可能，在路径开发上下足功夫，形成了多元的探索模式。至此，政府和高校共同发力，开展创新创业课程体系建设。2002年，教育部召开全国高等院校创业教育试点工作会议，之后又提出，针对大学生创新创业能力的培养以及基本素质的提升，创业培训活动尤为重要。这一论断为我国各大高校提供了发展方向上的指引。在这一背景下，被列入创业教育试点的高校结合自身的优势特点，探索出了一套拥有独具特色的创业教育模式。经过十余年的发展，我国高校的创业教育取得了长足的发展，相信随着我国社会经济的不断发展和高校部门的不断探索，中国创业教育将会在不久的将来形成世界性的优质经验。

二、我国的大学生创业教育发展

大学生创业是一种以大学生为主体的主动性创业过程。随着我国社会化进程的逐步推进以及就业压力的日益加大，创业逐渐成为一种越来越普遍的职业选择。

大学生作为肩负独特使命的新一代，有着较为丰富的知识储备和求知能力，是符合我国社会形势与发展现状的主要创业人群，但这一群体社会实践经验与能力相对欠缺，创业初期失败率较高。大学生创业成为国家与社会共同关注的话题，"十三五"规划中也有关于这一现象的相应论述，客观上为大学生创业创造了相对有利的条件，大学生创业也将在一系列机遇与挑战中日益成熟，走向新的高度。

（一）我国大学生创业教育发展历程

纵观我国大学生创业教育的发展历程，总共经历了萌芽、探索、推进和发展三个阶段。

第一阶段，萌芽阶段。我国的试点创业教育起始于加入联合国教科文组织的"创业教育"项目，我们针对这一试点教育进行了初步尝试。项目开展后，部分高等院校开设了针对应届毕业生的就业指导课程，对于创业教育事业的探索起到了重要作用，积累了大量理论与实践经验，为我国创业教育的开展做了大量的铺垫。

第二阶段，自主探索阶段。高校的自主探索起源于我国首次创业计划竞赛的开办。由清华大学举办的该赛事引领我国创业教育进入了有规律、有路径的探索阶段。在这一阶段，我国各大高校陆续开展大学生科技创新大赛、大学生创业活动、大学生创业计划竞赛等赛事，营造了良好的创新创业氛围，对学生的创业精神的提升、创业能力的增强、创业知识的积累起到了重要作用。全国"挑战杯"创业大赛的举办，也为高校大学生提供了一个更广阔、更权威的实践平台。创业竞赛作为一次有益的尝试，是创业教育初期最为常见的形式，其为今后高校创业教育的可持续发展奠定了良好的基础，在一定程度上推动了中国大学生的创业潮，为中国创业教育的发展提供了新的思路与方向，营造了良好的创业教育政策环境。此后，教育部为了推进高校创业教育的开展，出台了一系列的政策文件予以支持，为创业教育提供了强大的动力。高校内部设立了面向大学生的创新创业基金，以此激励大学生开展创新创业计划，进行创新创业研究。这一时期，广大学生对创新创业产生了极大热情与浓厚兴趣。

第三阶段，推进与发展阶段。以此观之，创业教育进入以试点高校为主、其他高校协同发展的多元化探索阶段。在政府的大力支持下，试点高校的创业教育取得了一系列成果，形成了几种典型的创业教育模式，丰富了我国创业教育的经验。高校在吸取试点高校开展创业教育先进经验的基础上，注重结合实际情况摸索具备自身特点的创业教育模式。总体而言，在此时期，我国政府愈加重视高校的创业教育，对开展创业教育工作取得的成绩给予了充分的肯定。在政府的引领下，各高校的创业教育取得了体系化的发展，基本上形成了多元化的创业教育模式。当然，这些模式中也存在一定的问题，如培养目标出现偏差，诸多高校片面地理解创业教育的培养目标，导致创业教育在形式与内容上呈现表面化倾向。这一时期，随着国家重视程度的提高，政府提供的高校创业补贴、创业政策支持、创业平台帮扶陆续出现，更好地引导了高校开展创业教育。各大高校依托试点探索出了一套科学可行的教育模式。我国利用良好的治理优势，对高校试点持续关注、帮扶，部分高校已经形成了科学的创业教育课程体系和创业教育方案，将中国大学生创业教育推向了高速发展的新阶段。

（二）我国大学生创业教育发展的特点

观察大学生创业教育的实施现状和高校的创业教育模式，总结出我国大学生创业教育发展特点如下。

第一，明晰了创业教育的基本内涵，即创业教育是以启发大学生创新、创业意识为目的，致力于提升其创业能力与素质的教育；是与专业教育、职业教育、成人教育相结合的，可以通过渗透的方式在这些教育领域实施的具有独立价值和精神的一种教育形式。经过多年的探索与发展，各高校基本上在创业教育的概念实施方式、精神价值与实践意义等方面达成共识，而且明确了创业教育与普通教育、职业教育、成人教育之间的关系，为推动创业教育在不同教育类型中的发展提供了理论与实践的依据。

第二，界定了创业教育的教学内容。首先，明确了创业教育的外部范畴。创业教育作为一种新的教育形式，其"外部范畴是什么"必须明确，这既是开展创业教育的前提，也是创业教育与专业教育结合的基础。目前，各高校对此基本上已达成一致，即创业教育的外部范畴应该包括创业教育的社会背景、价值理念和价值模式，创业教育在高等教育中的地位与作用、创业教育教学过程的管理等。其次，明确了创业教育的内部框架。在界定了创业教育的外部范畴之后，必须明确其实施框架。高校在探索过程中也基本上取得了共识，即创业教育是一种综合学校办学特色、专业特色的教育方式，其在发展过程中需要确定其基本原则、教育方法、教育内容、教育形态、课程体系、评价机制、实施模式、实践教学等问题。最后，明确了创业教育外部范畴与内部框架之间的关系。这个方面实际上是要明确创业教育自身发展与高等教育发展、经济社会发展之间的关系，体现了创业教育服务性、动态性的变化过程。

第三，形成了创业教育实施的基本模块。对于创业教育模块，高校在长期的探索与发展中也已经达成共识，主要如下：理论模块、素质模块、实践模块、实施模块。首先，理论模块。这方面的内容主要体现的是创业教育的基本理论问题，包括目标、内容、实施方式、教育内容等。其次，创业教育的素质模块。这个模块要阐释的是创业教育所需要的素质是什么，包括创业的意识、心理、能力等。再次，实践模块。该模块注重创业教育的实践教学，包括实践教学模式、创业模拟方式、实习基地方式，主要突出创业教育的实践性特色。最后，实施模块。主要是明确创业教育的实施方式，以及创业教育在具体实践中如何以及在成人教育、职业教育、普通高等教育、现代远程教育中的结合、渗透、辐射等问题，如在成人教育领域适宜采取辐射模式，在职业教育和普通高等教育领域适宜采取结合模式，在远程教育领域适合采取渗透模式等。由此，创业教育发展的领域及其发展的价值得以确立。

第四章

创新与创业教育的内在机制

第一节 双创教育的契合关系

虽然创业与创新是不同的概念，但是这两个范畴之间却存在本质上的契合、内涵上的相互包容和实践过程中的互动发展。熊彼特认为，创新是生产要素和生产条件的一种从未有过的新组合，这种组合能够使原来的成本曲线不断更新，由此会产生超额利润或潜在的超额利润。创新活动的这些本质内涵，体现了它与创业活动性质上的一致性和关联性。

创新是创业的基础，而创业又推动着创新。总体来说，科学技术、思想观念的创新促进人们物质生产和生活方式的变革，引发新的生产和生活方式的诞生，进而为整个社会持续提供新的消费需求动力，这是创业活动之所以持续不断的根本动因。另一方面，创业本质上是人们的一种创新性实践活动。无论是何种性质、类型的创业活动，它们都有一个共同的特征，那就是创业是主体的一种能动的、开创性的实践活动，是一种高度的自主行为，在创业实践的过程中，主体的主观能动性将会得到充分的发挥与张扬，正是这种主体能动性充分体现了创业的创新性特征。

一、双创教育的方式及特点

前文中我们曾经提到，创新是人类认知行为的高级表达，可以形成新的生产模式，同时将新生产水平和技术以及与之相匹配的生产要素投入生产活动中，从而推进国家发展和民族兴旺。创业可以是创建一个企业或者公司，同时也可以是创造一个新产业的过程。由此，我们可以再次强调，创业的基础条件是创新，创新的最终目标之一就是创业，二者在不断发展的过程中相互作用、相互促进，进而推陈出新。创新更多的是表现在思维层面，而创业更多的是表现在行为层面。基于以上内容，我们总结创新教育、创业教育的方式及特点如下。

（一）创新教育的方式及特点

1. 创新教育的方式

培养探索精神。坚持对知识进行"再次发现"的探索式学习观念本身就是一种科学精神，它要求学生不盲目接受和被动记忆课本或教师传授的知识，而是主动地进行自我探索，把学习过程变成一种"再次发现"人类以往积累的知识的参与式活动。科学（包括自然科学和社会科学）可以被概括为一个知识系统，学习科学并不是为了记忆和背诵真理，而是为了进一步认识和不断更新真理，教学中强调的应该是发现知识的过程，而不是简单地获取结果；要结合课程教学进行知识探源，把握其发展变化趋势；要让学生深刻感受到，任何科学知识都是人类艰苦努力、不断探索的结晶，以此弘扬科学人文精神；要鼓励学习中的探究和怀疑，凡事多问几个"为什么"。正如著名哲学家波普尔所说："正是怀疑和问题鼓励我们去学习，去观察，去实践，去发展知识。"更重要的学习探索是对知识整体及其联系的把握。学者艾米顿十分推崇印象派画家克劳·莫奈的作品。她指出："在他之前的艺术家所作的绘画，要求你走近画布才能够看清细节，而莫奈和其他印象派画家则不同，他们要求你退后从远处观赏才能看清细节。关键是要看到整体，以及色彩、结构和情绪之间的相互关系，这样才能欣赏一件艺术作品。"我们的传统教学很少教会学生从总体上观察学科知识系统，把握它们相互之间的关系和本质特征，这些正是创新教育鼓励学生以更宽广的视角，从分割的学科课程里进行重新发现的关键所在。

培养综合能力。从某种意义上讲，综合能力就是将现有知识重新组合为新知识的能力，新组合的独特和新颖标志着创新。我们的教育对象将要面对的是一个学科知识从高度分化走向高度综合的社会，国家创新能力的获得是快速知识共享与持续的新的组合应用的结果。对此，熊彼特甚至认为，绝大多数创新都是现存知识按照新的方式进行组合而成的，也因此，他把"创新"与"新组合"视为同义语。所谓知识的重新组合，就是把原来几种知识联系起来整合成为一种综合知识，或者把一种知识拆分为几个部分，然后以新的形式将这些部分重新联系起来，整合为为具有新特征、新功能、新内容的知识。

在课程学习中，知识重组通常包括三种不同的层次：一是将某学科课程内部的知识进行重组，二是将不同学科课程的知识进行重组，三是将学科课程所包容的知识与课程未能包容的知识进行重组。三种层次的重组，后一个比前一个要求更高。课程教学可从第一层次入手，希望学生最终能够做到跨学科和跨出课程规定的内容去自学，把进入现代社会所必须了解和掌握的所有知识进行重新组合，从而融会贯通，做到能够自主运用这种重组知识解决复杂的问题，将其内化为一定的创新精神和创新能力。

培养创造意识和创造能力。创造意识是驱使个体进行创造行为的心理动机，没有创造意识的人不可能进行创造和发明。许多调查结论都指出，学生普遍具有创造潜能，它不是少数人特有的秉性，在适当的教育下，它可以在学生个体身上得到发展和显现。创新素质的培养以创造意识为前提，它不仅表现为新思想、新技术和新产品的发明创造行为，而且表现为善于发现问题、求新求变、积极探究的心理取向。创造能力也绝不仅仅是一种智力特征，更是一种人格特征、一种精神状态和一种综合素质。创造意识包括强烈的创造激情、探索欲、求知欲、好奇心、进取心和自信心等心理品质，也包括具有远大理想、不畏艰险、锲而不舍的意志等非智力因素。逐步培养学生创造新事物的能力，可以从创新层面入手进行。

2. 创新教育的特点

（1）探究性。

创新教育的开展过程中需要不断应对所产生的矛盾，如来自经济基础与上层建筑之间的矛盾，还有现存技术与现有设备等方面的矛盾。如果矛盾不存在，就难以促进学生积极活动，也就无法全面调动学生的积极性，创造性的活动也就无从产生。所以探索、研究、讨论、总结是创新教育得以开展的关键，而这其中的每一个步骤都需要引导学生独立参与和处理，从而形成创新型思维习惯，提高其独立能力和学习能力。

（2）开放性。

要开展创新教育，绝不能仅停留于书本知识的传授，而是要调动学生的学习能动性，引导学生共同参与教学活动、思维拓展讨论和实践活动。改变学生过去被动接受的模式，为他们提供更为全面的信息接收渠道、更为广阔的实践平台和更为充分的资源分享通道。除此之外，创新教育还应该紧密结合实际生活、形势发展和经济发展态势，不断更新和消化反映学科最新动态的教育内容，帮助学生拓展眼界。

（3）民主性。

创新绝不是单纯地把教师的观点和思维灌输给学生，而应积极营造民主的氛围，让学生能够自主选择、自主思考、自主学习和自主实践，这样才能最大限度地激发学生的创新型思维，让他们在自由的环境中自由创新、大胆表达、敢于思考和交换意见，这样才有可能迸发新的想法和设想，为事物的发展提供尽可能广阔的空间。

（4）超越性。

创新教育就是不断实现革新和进步，在既往传统教学和书本教学的基础上实现超越和突破，就是引导和激励学生在不断充实自己、直面自我的基础上，通过提高个人能力的方式来产生积极行为，从而实现自我超越，不断树立正确的人生价值观。

（5）全面性。

开展创新教育就是要尽可能全面地为学生提供信息、咨询、政策、教学和指导等，在引导学生拓宽自身知识面的同时掌握大量信息和情况，从而尽可能地挖掘学生各方面的才能，促进学生不断进步和成长。因此，要把学生培养成全面发展的个体，在认知层面上除了帮助学生积累更多的知识内容，还应该加强对学生认知能力的培养；在思维提升上，除了锻炼学生的思维逻辑能力，还应该培养学生的发散思维和独立解决问题的综合素质；在生活层面上，还应该立足实际、考虑形势，培养学生的精神价值，帮助学生真正实现全面发展。

综上我们可以发现，国家和社会的发展十分看重人才的素质和能力，所以创新一方面是加强人才培养、促进社会发展的重要渠道，另一方面也是整个民族不可缺少的精神支柱。只有走不断思考、不断改变、不断进步的创新之路，才够巩固和发扬中华民族的辉煌。

（二）创业教育的途径及特点

1. 创业教育的途径

（1）强化创业理念教育。

在我国，创业教育得到了高度重视与密切关注，如何科学合理地指导大学生创业，是政府和高校迫切需要解决的问题，而解决创业教育的首要问题就是加强创业理念教育。

理念实际上就是我们对某种事物的观点、看法和信念，创业理念也就是人们关于创业的观点、看法和信念。思想决定行动，有什么样的理念，就会有什么样的行动，因此，加强创业理念教育是进行创业教育的首要任务。一直以来，高等教育十分重视科学文化等相关知识的灌输，即注重学术中的"学"这一环节，而忽视了学术中的"术"这一环节。从高校创业教育的继往经验来看，我们应该改变传统的教学思维，打破以往的学术平衡状态，高度重视实践教学环节。高校要在大学生刚进校门时就通过开设创业课程、专业课程、相关讲座等途径将创业理念传授给他们，培养他们的创业意识。创业理念教育既包括理论教育也包括实践活动教育，在开展理论教育的同时，也要大力宣讲身边大学生创业成功的案例，激发在校大学生独立自强、拼搏进取的精神，通过建立大学生创业实践基地、与知名企业联合开辟大学生创业园和企业孵化器等举措，营造浓厚的鼓励支持创业的校园文化氛围，提升大学生的创业意识和实践能力。

（2）建立完善创业教育课程体系。

课程体系应涵盖创业理论、创业风险、创业能力、创业心理、创业技巧、创业规范等相关课程，还应包括市场经营和企业管理等内容。此外，完整的创业教育，除专门开设创业教育课外，还应发挥综合性大学学科门类齐全的优势，采取"文理工互补"的多科融合方式，为学生提供大量跨专业、选修和辅修课程的机会，加强"通才"培养，为创业打下坚实的知识基础。同时，还要选聘富有实际创业经验的创业导师，构建完整的创业教育师资队伍。大学生在最为关键的创业实践环节，最需要导师为他们指点迷津、传授宝贵经验。当前，在高校创业教育师资队伍中，富有实战经验的创业导师尤为匮乏，亟须加强这类师资的选聘，避免创业教育存在"纸上谈兵"的弊端。

（3）营造鼓励个人创业的社会氛围。

全社会要营造一个良好的创业氛围，从舆论导向、社会宣传、价值观念等方面入手，鼓励创业，崇尚创业。要尊重大学生的创业选择，为大学生创业提供强有力的社会支持。要引导人们转变观念，让创业的学生感觉到自己在"社会上有地位、政治上有荣誉、经济上有实惠"。通过各种媒介渠道宣传大学生中的创业典型，鼓励大学生向这些先进人物学习，投入火热的创业事业中去，为祖国的建设多做贡献。同时，社会还要通过各种渠道，宣传创业政策，让更多的大学生了解创业方面的优惠政策，并把这些优惠政策切实用对、用好。

（4）构建创业实践保障机制。

具体说来，创业实践保障机制主要包括以下几个方面的内容：其一，高校将创业实践纳入教学体系，根据实际情况对相关学制进行一定的调整。其二，通过多种渠道为大学生创业项目争取优惠信贷政策，以保证大学生创业获得较为充足的资金支持。其三，聘请拥有丰富创业经历的人才作为创业导师，指导学生的创业实践，为其答疑解惑。其四，积极与有关部门协商，为学生创办企业争取从速登记注册、税费减免等优惠政策，营造良好的创业氛围。其五，通过传媒、校友会、校企合作平台等多种渠道整合社会资源，为大学生创业提供舆论、资讯、市场、资金等多方面的支持。只有构建完善的创业实践保障机制，这些满怀憧憬的"90后"大学生才能大展拳脚，在创业的道路上闯出一片属于自己的天地。

2. 创业教育的特点

（1）创新性。

随着社会进程的不断推进，我国高校创业教育也在不断发展，如何建立并完善与之相对应的上层建筑，成为需要持续探索和广泛讨论的课题。人才培养模式和高等教育的变革是基于创业教育面临的矛盾所提出的创新性要求，要求我们不断拓宽新的研究道路，推动其向前发展。

（2）教育性。

创业教育一个尤为重要的特征就是教育性，要求在以实践性、社会性等特点为目标来教育学生在复杂环境中开创和获得未来工作事业能力的同时，采用积极创新的手段，依靠一系列理论知识和教育方法对教育形式及内容进行革新，最终实现一定的教育目的。

（3）科学性。

事物的发展都需要遵循一定的客观规律，创业教育也不例外。遵循科学的教育程序，合理、有规律性地向学生传授创业方法，能帮助他们有效避免创业活动中出现的矛盾，从而规避相应的风险。

（4）实践性。

理论与实践往往联系紧密，创业教育不应局限于理论意识层面，还应该保证与实践活动相结合，选取合适的方法及手段，在实践中不断积累经验。创业教育理论教学中要注重对实践型课程的安排，着重对学生实际操作能力的培养。如此一来，既可以帮助学生实现创业教育的目标，开展独立的教育工作活动，也能通过社会生活为有实践想法的人提供更加人性化的舞台。

（5）社会性。

社会环境是实施创业教育的客观条件和背景，种种社会环境方面的因素叠加在一起，影响着创业教育的开展。同时，创业教育对社会的影响也不可小觑，其在创造就业机会、实现科技创新、提供经济支持、减轻就业压力方面持续发挥着巨大的作用，在帮助国家发展经济的同时也为社会带来了福利。

总而言之，创业教育区别于其他教育类型，以自身别具一格的时代特征，在当今的时代潮流中日益发展成长。

二、双创教育的关系

创新教育与创业教育辩证统一，二者密不可分。创业教育强调对人才的多方位的培养，创新教育则可以借由创业教育进行多方位的表达。有学者指出，创业教育实际上是创新教育的延伸与实用化，是一种更高层次的素质教育。创新教育和创业教育同进同退、相互依存，二者在培养目标和时代精神上都具有一致性。同时，它们之间也存在一定的差别，创新教育倾向于对个人素质发展的总体把握，创业教育则更注重自我价值的不断提升。

（一）创新教育与创业教育的内在一致性

1. 人才培养目标一致

培养创新精神和实践能力是实施素质教育的重点。所培养的人才只有具备一定的创新精神，才能符合 21 世纪经济社会发展所需的人才规格；只有具备了实践能力，才能适应科技成果转化为生产力的过程越来越快、知识和应用结合越来越紧密的发展趋势。总之，培养创新精神和实践能力是实施素质教育的题中应有之义，也是我国顺应时代要求、参与世界竞争的必然选择。从某种意义上说，创业能力水平反映了一个人创新精神和实践能力的强弱，因此，创新教育与创业教育在人才培养的目标上是高度一致的。创新教育的培养目标是为社会输送具备独立自主创业素质、能够服务社会发展的创新型人才；创业教育的培养目标是为社会输送拥有较强创业技能，具备独立解决问题、创立新事物新事业能力且具备创新思维的创业型人才。因此可以发现，创新教育和创业教育整体而言具有一致性，与以往的教育模式不同，这两种教育模式的核心是培养具备开拓性的创新型人才，侧重对人才精神和意识领域的培养。

2. 内容结构相互融合、相辅相成

创新与创业是当代青年的历史使命。高校学生创新精神可以理解为个体从事创新活动所需的基本心理状态，主要包括创新意识和创新思维、创新技能和创新品质四个方面；相比之下，创业教育则包括创业意识、创业精神、创业品质、创业能力培养四个方面。

从创新教育和创业教育四方面基本内涵的比较中，我们不难发现，创新教育与创业教育的内容结构相互融合、相辅相成。创新是创业的基础，学校的创新教育成效，只有通过其培养的学生未来的创业实践来检验；创业是创新的载体和表现形式，创业的成败根本上要倚仗创新教育根基的扎实程度；创新教育注重对人的总体发展的把握，创业教育则看重人的价值的具体体现。概括说来，二者相互促进又相互制约，是密不

可分的辩证统一体。创新教育与创业教育内容上略有相似，并不代表二者可以相互替代，因为，仅仅具备创新精神是不够的，它只是为创业成功提供了可能性和必要的准备，如果脱离创业实践，缺乏一定的创业能力，创新精神也就成了无源之水、无本之木。创新精神所具有的意义，只有作用于创业实践活动才能有所体现，才有可能孕育成功的创业。

在知识经济时代背景下，我们要注重意识资源方面的提升和分享，通过知识效应链来驱动自身的发展。具体来说，就是要具备学习生活技能和吸收知识的能力，具备探索和主动研究的精神，清晰把握时代需求和精神要义。所以说，创新教育和创业教育在坚持时代精神方面也具有一致性。

3. 重视学生终身发展能力培养，作用异曲同工

创新教育是为了迎接知识经济时代的到来而提出的，创新教育不仅仅是方法的改革或教育内容的增减，更意味着教育功能的重新定位，带有全局性、结构性的教育革新和教育发展方面的价值追求，它能够揭示人类的最高本质即创造性的教育功能。

创业教育的落脚点是社会实践性，创业教育的基本内容决定了创业教育除了要使受教育者形成良好的心理素质和个性特征以外，还要使之具有较强的实际工作能力和动手操作能力，成为未来社会的创造者和建设者。从这个意义上说，创业教育的功能就是培养人的终身发展能力，使其学会学习、学会做事、学会合作、学会生存，这些功能与创新教育所突出的创新精神和实践能力的培养有异曲同工之妙。

创新教育和创业教育从不同维度和层面强调对学生个性化发展的培养，它们都给予了学生充分的尊重，同时也为其提供了相应的物质保障。可以看到，这两种教育都侧重对学生自我发展和终身学习能力的培养，重视在实践能力的基础上挖掘学生的潜在赋能，把对学生精神和人格品质的塑造作为一种长远的发展方式。因此，创新创业教育的真谛就是帮助人实现自由而全面的发展，从而推动整个人类社会的进步与发展。

（二）创新教育与创业教育的区别

首先，人才培养的方式不同。创新教育是依据学生自身的特点来培养其实践能力和水平，从而帮助学生实现自我发展；创业教育则是为了帮助学生在各个领域取得收获和效益，从而开展以培养学生创业精神和能力为主的积极教学活动。

其次，两种教育的实现路径不同，创新教育以需要海量的信息储备、全面的知识结构、多维度的实践平台来保证创新性行为的发生，因此，只有在不断完善、不断更新和不断突破的基础上才能更好地实现创新。只有在课程体系中不断完善创业的特点、思维、知识和能力，才能在个多学科的范围内更好地运用创新教育。

基于此，我们可以借助"矛盾"的概念去理解创新教育和创业教育，二者既可以促进教育更新迭代，促使教育往更为完善的方向发展，又是对教育的客观要求，彰显了时代气息；既是对学生能力的培养和提升，也彰显了社会和现实的有机统一。

第二节　双创教育的契合条件

创新教育和创业教育是辩证统一的关系，既有所区别又互相契合，因此，探究二者间的契合条件，有助于我们不断完善创新创业教育系统，实现教育的开拓性发展。

一、双创教育的定位

只有对教学学科有一个较为清晰明确的定位，才能更好地判定和评价真实的教育水平，创新创业教育是大学教育中的一项重要内容，在学科中占有重要地位。教育需要培养学生的社交能力、协调能力、创造力、思考能力和审美能力，让学生具备足够的能力去应对未来可能面临的挑战。

创新创业教育是一个无论是国家、社会，还是组织、个体都应该重视的事情，创新创业教育不应该是狭义的创业教育，而更应该成为我国教育综合改革的重要举措，成为承担以创新创业型人才培养目标为导向的教学范式的探索和实践，承担发展和丰富个人的宝贵使命。希望大家能够摒弃对创新创业教育的误解，更多地投身于创新创业教育中来，而作为学生，更应该抓住创新创业教育改革的机遇，更多地培养自己的创新思维、创业意识和革新精神，用卓越的创造性行为回应充满不确定性的未来。

创新驱动发展战略是经济新常态下党作出的重大决策，旨在推动"大众创业、万众创新"氛围的形成。创新成为经济社会发展的第一驱动力，而人才资源对于这一战略的实施则显得尤为关键。"双创"教育的首要目标是育人。高校创新创业教育是适应国家创新驱动发展战略、回应社会关于创新人才需求而开展的教育改革，作为教育改革中的新领域，应如何定位和创新发展理念是值得我们深入探讨的课题。立德树人作为教育的根本任务，是高校创新创业教育的根本指导和基本遵循，它直面教育本质，优化了高校创新创业教育的目标定位，有利于促进创新创业教育理念的本真回归。

各地高校积极响应国家政策，加快双创教育的改革步伐，不断完善创新创业教育体系，搭建各类创新创业平台，组织学生参加创新创业大赛，高校双创教育成效得以提升。双创教育的形式和内容日趋多样与丰富，人才培养模式也在不断创新。但与此同时也应看到，高校双创教育中也存在重视程度不够、发展理念滞后、人才培养定位模糊等问题。在实践中过度强调双创知识、技能的学习和训练，有时会导致思想价值观念方面的引导稍显不足、学生的主体自主性难以形成。对此，有学者指出，解决这一问题的根本途径是实现"以德树人"，将立德树人理念融入双创教育，将实现人才培养目标的定位转向育人为本，促进全面发展，旨在实现育人与发展的统一。

首先，立德树人强调双创教育应注重教育的过程性。俗语有云："人无德不立。""十年树木，百年树人。"德和才的形成与发展是一个渐进的过程，教育在其中发挥着重要的引导作用，使学生的思想行为在潜移默化中发生改变。教育者由"主导"变为"引导"，学生由"被动"

变为"主动",学生自主生成创业意愿,是双创教育的本质和意义。其次,立德树人强调德智体美劳全面发展。马克思主义关于人的全面发展的基本理论认为,人的全面发展是与人的片面发展相对而言的,人的全面发展是身体发展与精神发展的统一,揭示了德智体美劳教育的科学性和重要性。每个行业都有自己需要遵守的行业道德,市场主体只有遵守行业道德,才能形成良好的市场秩序和稳定的发展环境。注重双创教育中的社会公德和个体私德教育,使学生明大德、守公德、严私德,对于双创教育具有长远意义。立德树人理念融入高校双创教育,有助于优化高校双创教育的目标定位,进一步形成育人为本的共识,从而全面发展创新型人才培养共识,深化学生对创新创业的自主性和道德性认识,实现双创教育形式与内容、过程与结果、育人与发展的统一。

高校坚持社会主义办学方向,落实立德树人理念,需要坚持社会主义核心价值观教育。"德"是思想价值观念与行为方式的统一,其中价值观是核心内容,社会主义核心价值观是高校德育的重要内容。新时代中国特色社会主义核心价值观涵盖了个人层面、社会层面和国家层面的价值准则,体现了个体与集体的统一,以及个人价值与社会价值的统一。对于大学生而言,社会主义核心价值观教育的根本目的在于使大学生充分认识到个人与社会、国家的关系,从而增强大学生的担当使命感和社会责任感。过度强调创业活动的工具性意义,容易导致学生创业活动认识不全面、创业意志不坚定。教育引导学生认识到创新创业对于自身和社会的价值及意义,提高学生对于创新创业的认知水平应是高校双创教育的题中应有之义。目前,大学生创新创业项目还处在发展阶段,技术水平和社会效益还有待提高。使命感和责任感一旦被激发出来,将很大程度上调动学生投身社会实践的积极性,帮助学生拓展创新创业思路,增强学生创业过程中的动力和抗挫能力,从而更好地服务于经济社会发展的需要,这与以需求为导向的人才培养理念也相吻合,对于形成创新创业新业态具有深远意义。工具理性与价值理性相统一的高校双创教育理念是立德树人融入后的理念回归,也体现了创业活动经济效益与社会效益内在统一的基本要求。

协同性是创新创业教育的显著特质,形成社会、学校、家庭、市场多主体参与，创业环境、创业政策、创新创业教育协同推进的良好创新创业生态，为大学生创新创业提供心理、知识、技术、资金支撑与支持，是创新创业教育长远发展、创新型国家建设的着力点。高校肩负创新型人才培养使命，今后还需进一步完善创新创业教育体系，改革创新创业教育人才培养模式，形成全过程、全方位的创新型人才培养格局，不断推动创新创业教育成为国民经济发展的重要引擎。

高校的创业教育不同于单纯针对生活中经济问题的就业培训，更注重对人才持续发展的培养。我国对技术创新的需求已经上升到了科教兴国的层面，在这一过程中必须培养学生思想层面的全面创新。

二、双创教育的政策

近年来，为了支持大学生创业，保障大学生创业的顺利进行，相关部门陆续出台了许多优惠政策。如社会保障制度、教育制度和人事制度等。

（一）完善人才培养质量标准

制订实施本科专业类教学质量国家标准，修订实施高职高专专业教学标准和博士、硕士学位基本要求，明确本科、高职高专、研究生创新创业教育的目标要求，使创新精神、创业意识和创新创业能力成为评价人才培养质量的重要指标。相关部门、科研院所、行业企业要修订专业的人才评价标准，细化创新创业的素质能力与要求。不同层次、类型、区域的高校要结合自身的办学定位与服务，积极面向创新创业教育的目标与要求，制定专业的教学质量标准，修订人才培养方案。

（二）创新人才培养机制

实施高校毕业生就业和重点产业人才供需测评制度，完善学科专业管理办法，探索建立完善的学科专业结构和符合创业就业导向的人才培养类型结构，调整新机制，促进人才培养与经济社会发展、创业就业需求紧密对接；多角度、多途径、多形式举办创新创业教育实验班，探索建立校校、校企、校地、校所以及国际合作的协同育人新机制，积极吸引社会资源和国外优质教育资源投入创新创业人才培养；打通一级学科或专业类下相近学科专业的基础课程，开设跨学科专业的交叉课程，探索建立跨院系、跨学科、跨专业交叉培养创新创业人才的新机制，促进人才培养由学科专业单一型向多学科融合型转变。

（三）健全创新创业教育课程体系

各高校要根据人才培养定位和创新创业教育的目标要求，促进专业教育与创新创业教育有机融合，调整专业课程设置，挖掘和充实各类专业课程的创新创业教育资源，在传授专业知识的过程中加强创新创业教育。面向全体学生开发开设关于研究方法、学科前沿、创业基础、就业创业指导等方面的必修课和选修课，将其纳入学分管理，进而建设依次递进、有机衔接、科学合理的创新创业教育专门课程群。各地区、各高校要加快创新创业教育优质课程信息化建设，推出一批资源共享的在线开放课程。组织学科带头人、行业企业优秀人才联合编写具有科学性、先进性、适用性的创新创业教育重点教材。

（四）改革教学方法和考核方式

各高校要广泛开展启发式、讨论式、参与式教学，扩大小班化教学覆盖面，推动教师把国际前沿学术发展、最新研究成果和相关实践经验融入课堂教学，注重培养学生的批判性和创造性思维，激发其创新创业灵感。运用大数据技术，掌握不同学生的学习需求和规律，为学生实现自主学习提供更加丰富多样的教育资源。改革考试的考核内容与方式，注重考查学生运用知识分析和解决问题的能力，探索非标准答案考试，破除"高分低能"的相关积弊。

（五）强化创新创业实践

各高校要加强实验室等专业场地的建设，原则上向全体在校学生开放，促进实验教学平台共享。鼓励各地区、各高校充分利用各种资源，建设一批校外实践教育基地、创业示范基地和院校实训基地，为大学生的发展提供广阔的发展平台。完善国家、地方、高校三级创新创业实训教学体系，深入实施大学生创新创业训练计划，扩大覆盖范围，促进项目落地转化。举办全国大学生创新创业大赛，支持举办各类科技创新、创意设计、创业计划等专题竞赛。支持高校学生成立创新创业协会、创业俱乐部等社团组织，积极创办创新创业讲座论坛，开展创新创业实践。

（六）改革教学和学籍管理制度

高校要设置合理的创新创业学分，建立学分积累与转换制度，探索将学生开展创新实验、发表论文、获得专利和自主创业等情况折算为学分，将学生参与课题研究、项目实验等活动认定为课堂学习的实践制度。为有意愿、有潜质的学生制订创新创业能力培养计划，客观记录并量化评价学生开展创新创业活动的相关情况。优先支持参与创新创业的学生转入相关专业学习。实施弹性学制，放宽学生的修业年限，允许学生调整学业进程，支持学生保留学籍进行创新创业。设立创新创业奖学金，在现有评优评先项目中拿出一定比例用于表彰创新创业优秀学生。

（七）加强教师创新创业教育教学能力建设

各地区、各高校要明确全体教师在创新创业教育方面的具体责任，完善专业技术职务评聘和绩效考核标准，强化创新创业教育的考核评价。配齐配强创新创业教育与创业就业指导专职教师队伍，并建立定期考核与淘汰制度。聘请知名科学家、创业成功者、企业家、风险投资人等各行各业的优秀人才担任专业课、创新创业课授课或指导教师，并制定兼职教师管理规范，在全国范围内形成优秀创新创业导师人才库。将提高高校教师创新创业教育意识与相关能力作为岗前培训、课程轮训、骨干研修的重要内容，建立相关专业教师、创新创业教育专职教师到行业企业挂职锻炼的有关制度。加快完善高校科技成果处置和收益分配机制，支持教师以对外转让、合作转化、作价入股、自主创业等形式推进科技成果产业化进程，鼓励教师带领学生实现创新创业。

（八）改进学生创业指导服务

各地区、各高校要积极建立学生创业指导服务专门机构，对自主创业学生进行持续帮扶，提供一站式服务。健全持续化信息服务制度，完善全国大学生创业服务网功能，建立地方、高校两级信息服务平台，为学生提供国家政策、市场动向等信息，并做好创业项目对接、知识产权交易等服务。

各地区、各有关部门要积极落实高校学生创业培训政策，研发符合学生特点的创业培训课程，构建网络培训平台。鼓励高校自主编制专项培训计划，或与有条件的教育培训机构、行业协会、群团组织、企业联合开发创业培训项目。具备条件的行业协会要针对区域需求及行业发展发布创业项目指南，引导高校学生识别创业机会，捕捉创业商机。

（九）完善创新创业资金支持和政策保障体系

各地区、各有关部门要整合发展财政和社会资金，支持高校学生的创新创业活动。各高校要优化经费支出结构，多渠道统筹安排资金，支持创新创业教育教学，资助学生创新创业项目。高校应严格按照规定使用科研经费，积极支持品学兼优且具有较强科研潜质的在校学生开展创新科研工作。鼓励社会组织、公益团体、企事业单位和个人设立大学生创业风险基金，以多种形式向自主创业大学生提供资金支持，提高扶持资金的使用效率。深入实施新一轮大学生创业引领计划，落实各项扶持政策和服务措施，重点支持大学生到新兴产业进行创业。除此之外，有关部门还要加快制定有利于互联网创业的扶持政策。

近年来，"大众创业、万众创新"持续向更大范围、更高层次和更深程度推进，创新创业与经济社会发展深度融合，对推动新旧动能转换和经济结构升级、扩大就业和改善民生、实现机会公平和社会纵向流动发挥了重要作用，为促进经济增长提供了有力支撑。当前，我国经济已由高速增长阶段转向高质量发展阶段，对推动"大众创业、万众创新"提出了更高要求。对此，各地区、各高校要着力促进创新创业环境升级，加快推动创新创业发展动力升级，持续推进创业带动就业能力升级，深入推动科技创新支撑能力升级，大力促进创新创业平台服务升级，进一步完善创新创业金融服务，加快构筑创新创业发展高地，切实打通政策关口，认真落实"最后一公里"相关举措，努力构建一个完善、全面的创新创业政策体系。

创新创业的能力培养不仅要依靠校本课程，更需要在实践中习得。为此，教育部印发了《国家级大学生创新创业训练计划管理办法》，重点支持直接面向大学生的内容新颖、具有一定创造性和探索性的训练和实践项目。随着创新创业项目的立项，"互联网＋"创新创业大赛也在如火如荼地进行，切真正做到了以赛促创，以赛促教，全方位、多角度地提高大学生创新创业实践能力。

第三节　契合的路径

高校要探索出一条有效的创新创业教育之路，需要从学校、大学生、社会三方面入手，只有三者有效结合，相互沟通协调，形成合力，才能更好地实现高等教育的最终目标。高校创新创业教育旨在鼓励大学生发扬创新与创业精神，敢于尝试，积极投身创业浪潮，努力成长为时代潮流的引领者。培养具有创新创业意识的大学生，对于提高中国高校的国际竞争力具有十分重要的意义。

一、厘清概念，正确认识创新创业

创新创业教育包含了创新与创业两个基点。创新教育以培养人们的创新精神和创新能力为基本价值取向，它是有别于传统教育的一种新型教育模式。而创业教育是一个动态的过程，它的核心价值观是事业心与开拓技能的培养，即以开创性为核心形成的教育。我们可以这样理解，创新创业教育是在创新教育基础上所进行的创业教育。

创新创业是对现有架构的超越，是从另类角度出发所进行的探究，是在更高层次上对既有模式的崭新认识，其本质是针对已有认识的一种完全不同的思考。从经济学角度来看，创新创业是指社会群体中的某个或部分个体发现某种信息，这种信息可以是某种资源、机会，也可以是某种技术，然后运用自身资源以一定的方式对其进行转化，从而创造更多财富价值，并最终实现某种特定追求或目标的过程。而从心理学角度来看，创新创业之路其实是一条心灵升华之路——一个人心灵突破、个人价值不断升华、内在力量在现实中得以实质化体现的过程。近年来，创新创业教育在各大高校中日渐开展，为广大学生实现自身发展提供了一条新的道路和途径。

我们必须要认清大学生创新创业的必要性与重要性。一方面，随着我国改革开放和经济建设的快速发展，经济结构逐渐调整优化，产业升级日渐完善，这些都为大学生创新创业提供了良好的平台，大学生可以根据自身特长选择适合自己的创新创业之路。此外，大学生创新创业形式灵活多样，这些都显示了大学生创新创业仍有很大的发展空间。

近年来，为了支持大学生创业，各级政府出台了一系列优惠政策，涉及税收优惠、创业培训、创业指导等多方面，为大学生创新创业提供了不可多得的机遇。另一方面，大学生自主创业无论对个人还是社会都具有十分重要的作用和意义，主要表现在加速科技成果转化、促进经济发展、增加就业机会、缓解就业压力、激发青年人的创新精神等方面。

二、多元协同，整合各方资源

高校要充分发掘自身资源，培养优秀的创新创业人才，必须遵循教育和时代发展规律，完善自身的教育理念，持续协调各方，整合多方资源，从而实现多元协同，推动创新体制的完善，从而达成人才培养的预期效果，最终有效形成创新创业发展体系。

创新创业人才的培养涉及多个领域和范围，需要多重主体的参与和配合。协同机制会促使各个因素在原有的结构、功能和方式上发生根本性的转变，从而在政府政策支持、教育模式革新、企业技术进步等方面带来一系列积极效益，进而提高各项资源的配置效率和价值效益，激发各要素间的主动融合，创造意想不到的效果。

在知识经济持续发展的形势下，高校陆续开始实施开放和创新举措，与社会上其他领域的组织和机构密切联系。高校在教学、科研、人才培养等方面具有明显优势，有利于进一步激发自身潜力，利用协同合作机制加强与其他主体间的合作，从而有效整合校内外的创新创业资源，提高创新创业人才的培养水平。各方资源原本可能以多种多样的状态存在，以独立和封闭的形式发挥自身的作用，而协同合作的推进打破了这一局面，以合作和共赢为切入点，实现资源的有效交换，建立起了优势互补、协同发展的协调体系，使各要素得以充分发挥自身的价值，从而实现效益最大化。

三、优化平台，加强顶层设计

根据创新创业教育的实践性特点，高校开展创新创业教育时除创新创业理论教学外，更应该注重对学生创新创业实践能力的培养，因此，加强高校创新创业教育实践平台的建设就显得尤为重要。打造实践平台对于提升大学生创新创业能力，加强大学学科实践化教学水平，实现大学跨越式创新发展具有重要意义。为此，高校要积极打造"国家—省级—校级"多层次的创新实践项目训练体系，成立学生创新创业中心，积极实施创新创业人才计划，落实创新创业教育改革。

高校要加强顶层设计，将创新创业实践教育融入大学生生涯教育，积极构建贯通学生整个学习过程的课堂培养体系，细化不同层次、不同类型的学生创新创业实践教育目标，开设通识课程，开展启发式、讨论式、互动式教学。构建完善的创新创业竞赛体系，逐步建立别具特色的创新实践竞赛模式，鼓励学生积极参与创新实践竞赛，真正实现以赛促学、以赛促教。除此之外，也要重视以网络为载体开展创新创业课程体系建设，推动相关课程在网络平台上的推广使用。设立学生创新能力培养项目，实施国家级大学生创新创业训练计划项目，制定并执行创新创业奖学金、补贴等政策，为学生开展实践活动提供师资、资金等全方位服务支持。

四、提升素质，增强自身能力

（一）胆识和魄力

创业者是团队的核心和灵魂，其一举一动都牵动着整个团队创新创业的发展走向和兴衰成败。不管是筹备之初，还是项目开始运营后，团队都会面临各种各样的情况，这时候就需要创业决策者根据眼下的时机，运用自己的智慧做出正确的选择，因此，决策者在做出决定前务必要深思熟虑、统筹安排，既要正视风险，也要兼顾效用。

（二）计划和规划能力

大学生在创业过程中要经常性地进行计划或规划，因此要求其要具备较强的计划和规划能力。在制订计划时，大学生一定要充分发挥自己在过往实践中所形成和习得的预见、分析能力，综合各种因素，将可能的情况都考虑在内，缜密思维，形成切实可行的方案步骤。而在实施的过程中，也要针对当下的具体情况进行适时调整。

（三）目标管理能力

创业必须要有明确的目的性。在不同的创业阶段，创业者需要制定不同的目标，并将其进行细致分解。一个团队要想拥有长远的发展，那么就必须得拥有长远的发展目标，长远的发展目标又可以按阶段分解为不同的小目标，在这一过程当中，作为创业主导者，就需要对不同的目标进行统筹管理。

目标管理的基本内容是动员全体员工参与目标制定并调动各方因素保证目标实现，即成员共同商定组织的行动目标，并将其细化，具体展开至组织的各个部门、各个层次及各个成员。在成果评定过程中，要严格以这些目标作为评价和奖励标准，实行自我评定与上级评定相结合，最终组织形成一个全方位、全过程、多层次的目标管理体系，进而保证目标实现。

（四）人际交往能力

创新创业既然是以团队为单位，那么就需要妥善处理人与人之间的关系，并与他人和谐共处、共同发展。大学生只有具备较强的人际交往能力，善于处理各种人际关系，才能更为充分地施展自身的才能。在人际交往中，要真诚、善待他人，学会尊重他人；要换位思考，设身处地为他人着想；要培养自己既能干大事，又能干小事的耐心与本领；在处理具体问题时既能坚持原则，同时又不失灵活。

（五）实践创造能力

实践创造能力是指把创造思维变成实际的物质成果或是用生动形象的实践过程呈现创造性思维的转化能力。这种实践习得能力对于大学生而言尤为重要，它要求大学生在实际工作中既能讲出其中所蕴含的科学道理，又能动手落实、干出样子。为此，大学生应该充分利用各种实践机会，提升自己的实践创造能力。

（六）适应与调整能力

适应与调整能力是指能根据客观情况的变化而随机应变，适时调节自身择业行为的能力。当今的社会形势复杂多变，要适应这一现状，保证自己实现从学校到社会的顺利过渡，应努力提高自己的社会适应能力。学校教育是基础教育、通才教育。大学生步入社会、走上工作岗位后，有知识用不上、有些不够用、有的要从头学起，这就要求毕业生根据工作的需要及时调整自己的知识结构、能力结构和行为方式，尽快培养自己的社会应变能力。

第五章

"互联网+"背景下
石油精神的继承与弘扬

第一节 "互联网＋"的现实意义

"互联网＋"是近年来产生的一种新的经济形态，它充分利用信息通信技术以及互联网平台，高效发挥互联网在生产要素配置中的优化和集成作用，将互联网的创新成果深度融合于经济社会各领域，对传统行业进行优化升级，使得传统行业能够适应当下的新发展，极大地提升了实体经济的创新力和生产力，形成了更为广泛的经济发展形态，从而最终推动社会不断地发展向前。

伴随知识社会的来临，驱动当今社会变革的不仅仅是无所不在的网络，还有无所不在的计算、无所不在的数据以及无所不在的知识。"互联网＋"不仅仅应用于某个传统行业，更加深入了无所不在的计算、数据与知识，造就了无所不在的创新，推动了知识社会以用户创新、开放创新、大众创新、协同创新为特点的下一代创新即"创新 2.0"的发展，改变了我们的生产、工作与生活方式，也引领了创新驱动发展的新常态。新一代信息技术发展推动了知识社会以人为本、用户参与的"创新 2.0"演进。随着新一代信息技术和"创新 2.0"的交互与发展，人们的生产生活方式和社会形态正在发生深刻变革。"互联网＋"是"创新 2.0"下互联网与传统行业融合发展的新形态、新业态，是知识社会"创新 2.0"推动下互联网形态演进及其催生的经济社会发展新常态。它代表一种新的经济增长形态，旨在充分发挥互联网在生产要素配置中的优化和集成作用，将互联网的创新成果深度融合于经济社会各领域之中，进而提升实体经济的创新力和生产力，形成更广泛的以互联网为基础设施和实现途径的经济发展模式。

2014 年 11 月，国务院总理李克强出席首届世界互联网大会并指出，互联网是"大众创业、万众创新"的新工具。2015 年 7 月 4 日，国务院印发《国务院关于积极推进"互联网＋"行动的指导意见》。2020 年 5 月 22 日，李克强总理在 2020 年国务院政府工作报告中提出，要全面推进"互联网＋"，打造数字经济新优势。

第二节　石油精神的继承与发展

一、石油精神的形成与弘扬

石油精神是中华民族精神的历史积淀和深刻反映，是石油工业在长时间的文化创造过程中沉淀、融合、精炼而来的宝贵精神，它为石油人所感同身受，从而成为一种共同的价值理念体系和群体共识。它充分体现了石油人的奋斗梦想和价值目标，成为石油行业自强不息、发扬光大的不竭精神源泉和强大驱动力。

石油精神是在石油工业从无到有、从小到大、由弱变强的发展历程中形成的。从西部转进东部，由陆地转战海洋，一颗颗石油明珠、一条条金色油龙在中国大地上升腾起来，一滴滴汗水、一串串足迹在祖国广袤的大地上留下了深刻印记。在新时代背景下的钟声敲响之际，新的发展浪潮催人奋进，中国石油工业的第二次创业已经开始，石油精神也在创造着新的辉煌。

我国的石油工业发展史既是一部由中国共产党领导的百万石油人艰苦创业、奋力拼搏的奋斗史，也是一部弘扬和发展石油文化的文明史。在这段历史发展进程中，正是因为有一群将中华优秀传统文化同社会主义实践紧密结合，不惧困难、敢于拼搏、吃苦耐劳、埋头实干的石油人，我们国家才能在一场场石油大会战、一次次国内外市场竞争中赢得先机。也正是因为他们的奋斗和拼搏，才让我国摆脱了"贫油国"的称号，石油产量也跃升至世界前十，伟大的石油人既是石油事业的见证者，也是石油精神的传承者。

在新中国石油工业发展史上，在各个重要的发展时期，石油精神的内核精神，即"苦干实干""三老四严"都发挥了不可替代的作用。习近平总书记指出，石油精神是攻坚克难、夺取胜利的宝贵财富，什么时候都不能丢。总书记弘扬石油精神的重要批示，令百万石油人深受鼓舞、倍感振奋。要学习石油精神，就需要了解石油精神究竟是什么。

1959 年，大庆油田横空出世。在一次次波澜壮阔的会战中，在一次次奋勇前进的拼搏中，老一辈石油人坚持党的领导、发扬无产阶级的优良传统，敢为人先、艰苦奋斗，形成了中华民族精神的重要组成部分——"大庆精神"，为我国的社会主义建设立下了不朽功勋。大庆精神是中国共产党伟大精神和中华民族伟大精神的重要组成部分，成为大庆石油人共同的思想基础。永不磨灭、奔涌不息的精神血脉，汇聚了大庆石油人干事创业的磅礴力量。在这块英雄辈出的土地上，锤炼出了一支以铁人王进喜、大庆新铁人王启民、第三代铁人李新民为代表的一代又一代听党话、跟党走，敢打硬仗、永创一流的英雄队伍。

从石油会战到快速生产，从高产稳产到可持续发展、高质量发展，从贯穿 60 年油田发展的火热实践到大庆精神、铁人精神，石油精神历代传承，生生不息。时代在变，石油工人忠诚无悔、一心向党的初心不变；思想在变，石油人艰苦奋斗、产业报国的使命担当不变；环境在变，工人们"三老四严""苦干实干"的作风不变。

大庆精神沿着历史走来，洒落的光辉滋养了一代又一代大庆人。"石油工人心向党"的心声转化为"跟随铁人足迹前进"的铿锵脚步，大庆油田从诞生时起就坚持党的领导，听从党的指挥，始终如一用党的理论武装头脑，不断增强"四个意识"，坚定"四个自信"、做到"两个维护"。21 世纪以来，大庆油田两次获得"全国先进基层党组织"称号。

大庆油田注重发挥"铁人王进喜纪念馆"和"大庆油田历史陈列馆"等爱国主义教育基地作用，充分利用互联网和融媒体等载体，积极传承发扬大庆精神、铁人精神和优良传统，弘扬优秀文化。

改革开放以来，石油人高举精神火炬，挥师塔里木、重上吐鲁番，开发了一个又一个新油田，溯源种种，正是在"苦干实干""三老四严"精神的鼓舞和支持下，石油人才得以克服艰苦的自然环境困难和贫乏的物质条件，最大限度地激发出自身强大的创造力，书写了石油工业史上的一个又一个奇迹。短短几十年的时间，新中国石油工业昂扬向上，挺起精神的脊梁，真正站了起来。

伟大的时代孕育高贵的精神，石油精神产生于艰苦创业年代，象征一种历久弥坚、执着笃行的价值信仰；代表一种踏实肯干、忠于职守的态度作风；意味一种超越小我、奉献报国的情怀选择，彰显一种恒定坚守的理想信念和勤奋笃行的实践作风。它应运而生、历久弥新，在不同的背景下得以传承升华，随着时代的脚步和社会的发展不断完善自身、丰富自身，始终焕发旺盛的生命力，成为推动我国石油事业乃至社会主义建设发展的强大精神动力。

二、石油精神在新时期的传承

石油精神产生于过去，践行于现在，延续于未来，它将被一代一代的石油人不断赋予新内涵。从主体角度来说，它创始于石油企业和石油工人，延展于全社会及全民族，它不独属于石油石化企业，它丰富了民族精神，体现了时代特色，还将产生划时代的精神影响。从内涵上说，它是大庆精神铁人精神与时俱进的新成果，是新时代石油人践行产业报国、实干兴邦等一系列理念在石油石化企业落地生根的扎实体现。弘扬石油精神不是对老一辈石油典范的简单模仿，而是要深刻领会石油精神的个中实质，汲取精髓，抓住核心，并赋予石油精神以新的时代内涵，在传承的基础上创新，在发扬的过程中创造。

新时代石油精神离不开"苦干实干"，离不开"创新创效"。将工作做实、做细、做精，有担当、有作为，不怕担责，不推脱，都是石油精神传承的体现。另外，我们还要不断学习新知识、钻研新业务、掌握新技能，不学习就跟不上这个时代的脚步。传承石油精神，需要从我做起，从每一件小事做起。

传承石油精神的方式有很多种，比如开展弘扬石油精神的主题实践活动，树立典型模范，组织开展石油精神宣讲活动等，充分运用抖音、新媒体等网络阵地，用图片及视频的形式创新传播石油精神的载体，让石油精神真正深入员工心中。

做好石油精神的传承工作，要用石油精神深化石油人的责任意识、激发石油人的担当精神。凝聚"加强党的建设、弘扬石油精神、重塑企业形象、推进稳健发展、深化改革创新"的高度共识，引导干部员工始终以党的事业为重，忠实履行"三大责任"，始终把国家利益放在首位，始终做到政治本色不变、优良传统不丢、奋斗精神不减，用"坚决听党话、一心跟党走"的绝对忠诚，肩负起国有重要骨干企业的历史使命。

历史已经证明并将继续证明，石油精神永不过时，永远是引领中国石油砥砺前行、再创辉煌的坚实思想动力，永远是百万石油员工苦干实干、团结奋进的强大精神支柱。大力弘扬石油精神、做好石油精神的传承工作，归根结底是要通过加强和完善党对国有企业的领导、加强和改进国有企业党的建设，在历史变革中汲取前行的精神文化力量，使中国石油企业始终以奋进的姿态活跃在世界舞台，成为党和国家最可信赖的依靠力量，为实现"两个一百年"奋斗目标和中华民族伟大复兴的中国梦做出新的更大贡献。

第三节　"互联网＋"背景下弘扬石油精神的现实意义

"'互联网＋'文化"代表一种新的文化精神形态，即充分发挥互联网在先进精神传播与弘扬中的作用，增强精神影响力，提升精神文化软实力，形成更为广泛的、以互联网为载体和手段的精神发展新形态。在信息时代，互联网成为精神文化传播的直接动因和有力工具，因此，充分发挥互联网在石油精神传播过程中的作用，对于增强石油精神的影响力具有十分重要的意义。

在智能建造、安全生产和文化建设领域，互联网技术的运用必不可少。石油行业要打破思维定势，对行业结构进行改革性创新，需要积极响应国家"互联网＋"计划，将企业发展与网络信息技术相结合，形成石油行业的新时代发展业态。在"互联网＋"时代，机遇与挑战并存，石油企业的文化建设和精神传承需要在新时代中寻找新的定位。在企业文化宣传方面，内部宣传与外部宣传应同时进行，紧密结合互联网技术，有效推广企业形象和品牌。以往在传统石油企业文化建设方面，企业往往较为重视内部的宣传工作，主要强调员工对企业文化的认可，而忽略了对外宣传的重要性。相比之下，市场营销方面则相对薄弱，因此在一定程度上影响了石油企业的知名度与信誉。企业相关信息的管理需要充分利用互联网技术，借助新兴媒体进行推广。许多石油企业选择开设公司官网，创建企业学习交流平台，分享内部讯息，在弘扬石油精神的同时，也提高了员工的综合思想素质，增强了企业职工的凝聚力。多渠道设立社交官方媒体和专业宣传管理人员，可以更为快速高效地传递企业信息，突破企业管理阶层级障碍和地域障碍，扩宽石油精神的传播路径，实现石油精神的多样化和丰富化。

同时我们也应看到，对于石油精神的继承和弘扬，互联网的加入也无疑使其面临新的挑战。

首先，全球化浪潮席卷而来，使得世界范围内的多种文化有了新的交流方式，各种文化间相互交流、相互渗透，不断冲击着传统的价值取向，影响着人们的思维方式。石油精神的传承与弘扬面临新的考验。

其次，互联网的加入也对石油精神的传播能力提出了新的要求。石油企业拥有上百万名职工，在受教育程度、思维方式、文化背景、工作环境等方面存在较大的差异，特别是海外石油企业的员工，其所面临的文化类型和思想内容等更为多元，这些都给优秀石油企业文化的传承和石油精神的弘扬带来了一定的难度。

最后，由于互联网具有极强的开放性和包容性，人们可以自由在网上发表自己的看法或观点，从而导致网络信息良莠不齐、鱼龙混杂，网络环境错综复杂，这些都对企业的网络舆情应对和控制能力提出了新的挑战，这就要求石油企业更加重视应对广泛社会议题、处理舆情对外公关等方面的能力，势必要打好石油企业在互联网上的舆论战。

当今世界，信息技术革命日新月异，对国际政治、经济、文化、社会、军事等领域发展产生了深刻影响。信息化和经济全球化相互促进，互联网已经融入了社会生活的方方面面，深刻改变了人们的生产和生活方式。2018年4月，习近平总书记在全国网络安全和信息化工作会议上强调，信息化为中华民族带来了千载难逢的机遇。我们要坚持以自主创新推进网络强国建设，为决胜全面建成小康社会、夺取新时代中国特色社会主义伟大胜利、实现中华民族伟大复兴的中国梦做出新的贡献。在这一背景下，加强"互联网＋"建设，弘扬石油精神，具有十分积极的意义，具体来讲有以下几个方面。

进一步坚定以大庆精神铁人精神为核心的企业之魂。持续开展大庆精神、铁人精神的再学习、再教育、再深入活动，百万石油员工团结奋斗的共同思想基础得到不断夯实。确立大庆精神、铁人精神为中国石油的行业精神，成立大庆精神、铁人精神研究会，举办高层论坛，开展纪念铁人王进喜诞生 80 周年、大庆油田发现 50 周年等活动，组织巡回宣讲百余场，掀起了学习、宣传和弘扬大庆精神、铁人精神的新高潮。

培育形成以"我为祖国献石油"为主导的基本理念体系。确立了"奉献能源、创造和谐"的企业宗旨，"爱国、创业、求实、奉献"的企业精神，"我为祖国献石油"的核心价值观，"诚信、创新、业绩、和谐、安全"的核心经营管理理念；梳理了"宁肯少活二十年，拼命也要拿下大油田""只有荒凉的沙漠，没有荒凉的人生"等石油人共同崇尚的人生信念；树立了"环保优先、安全第一、质量至上、以人为本"的先进管理理念，"互利共赢、合作发展"的国际合作理念等。

有利于对石油行业领域人员进行有效管理和教育。如今，石油行业领域中大部分都是青年知识分子和科学技术人员，他们具备了极为扎实的专业基础知识，代表着未来的科学技术发展趋势，他们思维活跃，创新意识强，乐于吸纳接受新事物，对传统优秀精神保有自己的独特领悟。利用"互联网＋"开展石油精神的宣传教育活动，有利于增强青年人的集体意识，进而实现对企业的有效管理，具有重要的现实意义。

鼓励团结奋进，提升行业软实力。石油是黑色的金子，是现代工业的血液。它不仅是一种不可再生的资源，更是国家生存和发展不可或缺的战略资源，对保障国民经济和国防安全有着不可替代的作用。借助"互联网＋"弘扬石油精神，有利于在一定范围内不断夯实团结奋斗的思想基础，有效进行思想教育和作风传承，激发石油从业人员的主观能动性，进而提升行业软实力，打造具有鲜明时代特征和行业特色的石油文化，为全面建成世界水平的综合性国际能源公司提供强大的精神力量。

树立以认真履行"三大责任"为使命的良好公司形象。全力推进"四个大庆"等战略工程建设，努力保障国家能源安全。积极参与社会公益事业，加强新媒体方面的宣传，立体展示中国石油的正面形象和石油人的精神风采，积极扩大石油行业的社会影响力。

构建形成以"双效"为标准的企业文化建设格局。坚持实效、长效标准，进一步明确企业文化建设的指导思想、基本原则和目标要求，制定企业文化建设规划，确立"继承创新、系统思考、立体推进"的工作思路，构建起由理念识别、行为识别和视觉识别组成的企业形象识别系统，加强理念层面、制度层面、物质层面三个层面的相关建设，抓好安全、环保、质量、廉洁、和谐等多项文化建设，形成了集中统一、上下联动、全员参与的企业文化建设工作格局。

实现良性互动，便于发展交流。借助"互联网＋"弘扬石油精神，有利于石油行业更加积极主动地与社会其他领域开展广泛联系，强化自身品牌，扩大行业影响，从而便于对外交流。石油行业发展不是孤立的，它有赖于外界的各种优良环境，期待与外界环境形成良性互动。借于此，行业的社会影响力不断扩大，发展的外部环境不断优化，与其他领域间也可以相互学习、交流经验，有利于推进行业的技术发展，进而实现持续创新。

强化责任意识，发挥先锋模范作用。石油队伍从成立起，就是一支信念坚定、纪律严明、作风过硬的光荣队伍。石油行业的从业人员应该成为党的政策最为忠实的执行者和精神贯彻的主力军。要敢于担当，勇于实践，从严律己，坚定理想信念，带头立德修身，自觉传承石油行业优秀文化，塑造石油行业在社会上的优良形象。借助"互联网＋"弘扬石油精神，有利于石油行业更好地贯彻执行党和政府的各项政策，遵守国家的相关法规，实现自身的健康发展。"互联网＋"相关技术的有效运用，可以增强石油从业人员的社会责任感，以此为坚实基础，有利于保证网络在社会发展中更好地发挥正能量，产生新效用。

第六章

石油精神与创新创业教育

第一节 石油精神的重要性

石油精神以大庆精神、铁人精神为主体，是对石油战线企业精神及其优良传统的高度概括和凝练升华，是我国石油队伍精神风貌的集中体现，其中蕴含了历代石油人对人类精神文明的杰出贡献，象征了石油石化企业的政治优势和文化软实力。石油精神的基本核心是"苦干实干""三老四严"。石油精神的基本内涵是为国争光、为民族争气的爱国主义精神；独立自主、自力更生的艰苦创业精神；讲究科学、"三老四严"的求实精神；胸怀全局、为国分忧的奉献精神，以上几点整合起来，可凝练为"爱国、创业、求实、奉献"。

石油人以实际行动彰显了石油精神，他们无所畏惧，勇挑重担，用自己的双手为石油行业和祖国的发展艰苦奋斗；他们一丝不苟，认真负责，踏实做好自己的本职工作；他们讲究科学，将理论与实际进行充分结合；他们胸怀全局，忘我劳动，不计个人得失，力争为企业分担。

一、有利于促进艰苦创业精神，发展专业技能

国家想要强大，社会想要更加繁荣富强，就必须坚持艰苦创业，而石油精神中恰恰包含了这一点。中国石油工业发展到今天，所铸就的一个又一个辉煌都是在"苦干实干"的基础上拼搏而来的。党和人民对石油人的这一特质给予了充分肯定，"苦干实干"也成为石油人攻坚克难、无私奉献的独特精神禀赋。到现在，"苦干实干"依然支撑着中国石油的创新与发展。未来，在科技日新月异的年代，我们仍然需要"苦干实干"，朝着达到世界一流能源发展水平的目标大踏步迈进。

一代人有一代人的使命，一代人有一代人的担当。青年大学生是国有企业新鲜血液的重要来源，是国家和民族发展的希望所在。对于当代大学生，我们更要充分弘扬石油精神，铸造石油精魂。时代的发展和事业的进步都需要伟大精神作为支撑和动力，从陕西延长油田到玉门油田，从克拉玛依油田到大庆油田，石油人在中国大地上探寻奋斗多年，

正是苦于实干、艰苦创业的石油精神激励着他们砥砺前行。在这个施展抱负、竞展风采的广阔舞台上，石油人必将大有可为、大有作为。我们也希望广大大学生能够充分认识石油企业与石油行业，积极加入石油大家庭之中，以实际行动为石油行业的发展给予支持。

二、有利于培养奉献精神，发扬社会主义核心价值观

石油行业的发展没有界限，没有疆域，石油人只有不断"走出去"，从平原到高山、从陆地到海洋、从中国到世界，才能找到人生的真实支点。选择了石油就意味着割舍，选择了石油就意味着随时出征。正是因为对石油爱得深沉，才使得奉献成为石油人使命的必然。石油人的奉献精神铸造形成了石油行业发展过程中的时代精神，奋斗者将自身前途与祖国的命运紧密联系在一起，折射出了绚烂夺目的光芒。石油精神中最为突出的是奉献精神，它充分传达了社会主义核心价值观的深层含义。以爱岗敬业、勇于创新、淡泊名利、甘于奉献的实际行动，为大家证明了如何才能成长为一名合格的石油人。弘扬石油精神其本质就是在践行社会主义核心价值观。把工作岗位当作奉献的平台，我们应该树立为了再创辉煌而奉献自身智慧与汗水的决心和信心。当然，我们很平凡，但伟大正蕴涵于平凡之中，在石油行业的发展历程中，许许多多看似平凡的石油人，凭借己的聪明才智和坚韧不拔的毅力创造了一个个奇迹，在奉献中得到了升华，实现了自己人生的价值。

三、有利于深化科学精神，发展务实品质

石油精神可以促进科学务实精神的发展，建设独特的、创新的、科学的社会风气，促使全国人民坚持不懈地为我国的经济与社会发展开展创造性工作。在新时代，石油精神可以进一步促进鲜明的具有中国特色的石油自信，强健国人的石油意志，鼓励大家在求真务实中努力促进高质量、现代化的行业发展，在科学发展的过程中力争保障国家能源安全、实现安全发展，从而获得更加坚实的战略根基。

（一）"当老实人，说老实话，办老实事"

这是大庆"三老四严"的优良作风和传统美德。"天下至德，莫大于忠；一人之品，莫过于诚。"石油行业要打造百年经典、实现永续发展，应该大力弘扬这一美德，从而在企业内部形成重实际、说实话、务实事、求实效，崇尚实干精神的良好氛围。使诚实守信、言行一致成为石油人坚持奉行的工作作风与人生信条。

（二）一切从实际出发，不断解放思想、实事求是

根据本单位、本部门的实际情况，制定严格、规范、完善的管理制度，既要本着实用、管用为原则，又要科学合理、顺应民意、符合民情，切实做到尊重人、理解人、关心人、帮助人，真正做到让每个人都有充分的空间发挥自己的优势，从而做到脚踏实地、埋头苦干、务求实效，在适合的岗位上体现自我价值。

（三）把握机遇、积极作为

在竞争激烈的市场经济大潮中，面对一系列机遇与挑战，我们只有认清形势，不断转变发展方式，努力加强科技创新，把握机遇、乘势而上，才能使整个行业向着又好又快的方向发展。"千里之行，始于足下。"务实是成就一切事业的基石。少一份浮躁，多一份务实；少一份抱怨，多一份责任。静下心来，踏踏实实做事；沉下身子，兢兢业业工作。充分树立自身的信心与决心，凝心聚力，攻坚克难，与集体同呼吸、共命运、齐发展。

四、有利于坚定文化自信、增强文化软实力

石油精神是中国石油核心竞争力和独特文化优势的灵魂与根基。如今，中国石油面临不同的经济社会环境以及时代使命与任务。因此，充分挖掘石油精神的相关文化资源，有利于赋予其新的时代内涵，激发新的内生动力，实现稳健发展，厚植"对党忠诚、勇于创新、治企有方、兴企有为、清正廉洁"的成长土壤，筑牢铁人梯队的坚强基石。

铸牢理想信念，坚守价值追求，聚合磅礴之力——在新时代的感召下，石油人必将用新的奋斗，让石油文化成为石油事业的精神引领，也必将让石油事业推动石油文化释放恒久活力！

第二节　创新创业对当代大学生的作用

"大众创业、万众创新"开启了一个让年轻人释放青春和个性的大时代。在最有激情和冲劲的年龄，遇上这样一个有机会发挥个人价值的大时代，对于年轻一代是幸运的。当然，同样幸运的还有我们的国家和民族，这个时代于我们而言，也是一个充分发扬民族性格与传统的重大历史机遇。告别保守与盲从，尊重个性价值和选择，既是这个时代与此前截然不同的标志，也是"大众创业、万众创新"带给中国的最大价值和厚礼。只要让年轻人身上蕴藏的激情和能量释放出来，中国经济的发展就永远不会缺乏动力。

一、有助于促进大学生将理论知识与实践相结合

实践的观点是马克思主义哲学的核心观点。马克思主义认为，全部社会生活在本质上是实践的，而实践的主体是具有一定思想认识的人。一方面，人的正确思想从实践中来，实践决定认识，是认识的源泉和动力、目的和归宿，同时也是检验认识正确与否的唯一标准。另一方面，认识对实践具有反作用，正确的认识推动正确的实践，错误的认识导致错误的实践。实践与认识的辩证关系也是马克思主义哲学的基本原理。

坚持理论指导和实践探索辩证统一，必须坚持实践第一的观点，做到一切从实际出发。革命战争年代，毛泽东同志反对教条主义，强调一切从中国的实际情况出发，由此开辟出中国革命的新道路。改革开放之初，邓小平同志反对照抄照搬、思想僵化，强调从实际出发研究新情况、解决新问题，由此开辟出中国建设的新道路。党的十九大以来，面对国际国内形势发生的深刻变化，以习近平同志为核心的党中央坚持实践观点，逢山开路、遇河架桥，谱写了中国特色社会主义新篇章，推动

中国特色社会主义进入新时代。

我们学习理论，不单是为了学习和掌握知识，更是为了解决实际问题。所以必须把理论与我们的工作实际相结合，也只有如此，理论认识才能充分发挥它应有的作用。实践出真知。离开了实践，理论就成了无源之水、无本之木；离开了实践，理论就成了自说自话的空洞说教。在新的历史起点上，我们必须坚持一切从实际出发，树立实践观点和问题导向，坚持真抓实干，推动中国特色社会主义事业不断向前发展。

创新创业可以帮助广大高校学生将自己学到的理论知识融入社会实践，从而更深刻地理解它们；也可以培养大学生的动手动脑能力，帮助他们增强社会实践能力，积累实践经验。学生在学习创造的过程中要拥有提出新方法、新想法、新点子的思维创造力，开展创新创业教育一方面是为了培养学生善于动脑的思维能力，另一方面也有利于促进学生的理论知识与实践能力相结合。

二、有助于促进大学生综合素质的发展

综合素质是指一个人的知识水平、道德修养等方面的综合素养。人的综合素质的全面提高是社会发展的一般要求和必然趋势。当前，知识经济社会日益发展，对人综合素质提高的要求也更加迫切。

综合素质是指人自身所具有各种生理的、心理的，外部形态方面和内部涵养方面相对较为稳定的特点的总称。它大体包括身体素质、心理素质、外在素质、文化素质、专业素质五大部分，主要指人所具有的认识、分析、处理事物的潜能。大学生的综合能力包括综合素质和职业能力两方面。综合素质的构成要素包括知识结构、思维能力、动手能力、组织与决策能力、心理素质、人际沟通能力、表达能力等。知识结构是基础，一个人只有提高了自己的思维能力，才会显得更加有内涵。动手能力决定一个人将理论与实践相结合的程度。良好的组织决策能力可以帮助人对目标及其具体实现方式做出最佳选择。心理素质是否过硬已成为"双向选择"能否达成的关键。人际沟通能力更是在社会求职的过程中所必须掌握的技能。一个人的气质修养在就业实践中的作用也越来越被看好。现在所认为的大学生的能力，早已不单纯只是指知识的多少，

而是指以知识结构为基础，包括以上所述的多方面综合能力。

人的综合能力则主要体现在创新意识和创新能力上，创新创业所蕴含的文化底蕴非常深厚，知识综合化程度较高，传递的思想较为深刻，精神境界也较为崇高，因此完全足以培养学生的综合能力。此外，心理学领域也对人的创新意识和能力进行了研究，发现它是一种囊括了意识、人格和社会层面的综合体，包含了人的生理、心理、思想、人格和智力等多方面，每个层面之间又相互融合、相辅相成。针对大学生进行创新创业方面的培训，增强其创新创业的意识，帮助其提升创业技能及素养，不仅能够培养大学生吃苦耐劳的精神品质，而且有利于帮助他们形成科学缜密的思维品质、一丝不苟的工作精神和求新求变的创造能力，对于大学生实现全面发展具有重要意义。

当前，社会发展节奏不断加快，大学生必须全面提高自身素质，才能保证自己不被激烈的社会竞争所淘汰。时代呼唤新一代的大学生，祖国需要高素质的人才，在新时代新形势下，只有培养出更多更好的具有较高综合素质的大学生，才能实现中华民族伟大复兴的中国梦，实现国家富强、民族振兴、人民幸福。

三、有助于提升教师队伍的整体素质

创新创业教育是一门集社会学、教育学、心理学、信息学以及相关专业知识于一体的综合性学科，其中不仅涵盖了理论性知识，同时也十分注重实践性，它不仅要求授课教师拥有丰富的理论知识和较强的讲授技能，更要具备扎实的创业实践指导能力，因此，教师个人专业素质的高低直接影响着创新创业教育的实施效果。

现阶段，在创新创业教育大力推广和普遍实施的背景下，我国高校创新创业教育的师资队伍日益壮大，关于创新创业教育的师资培训也逐渐增多，高校有针对性、有步骤地选派教师轮流参加，有利于帮助教师深化对于创新创业教育的认识，探索创新创业教育的基本规律，研究创新创业教育的基本方法。同时，校内的自我交流和培训也让更多的教师掌握了创新创业教育的基本知识和方法，有助于实现创新创业教育的知识和资源共享，进而提升教师创新创业的相关能力和整体素养。

四、有利于缓解大学生的就业压力

在当前我国市场经济高速发展和社会逐步转型的进程中，整体就业局势相对紧张。在就业总量逐步增加和结构日渐优化的同时，大学生的就业质量也逐渐受到重视。党的十九大明确强调，要提高就业质量。妥善应对就业问题仍是我们所面临的一项长期而复杂的任务。

当前，高校毕业生数量逐年增加，传统行业提供的岗位数量相对有限，科技进步和劳动力成本的上升也在无形中对就业空间产生了一定的影响。这就要求高校要主动适应，积极开展创新创业教育，努力进行教育教学改革，培养更多创业型人才，为经济的发展做出贡献。

实施创新创业有助于提升大学生的创业能力，从而帮助解决大学生就业难的问题。创业能力是一个人在创业实践活动中实现自我生存、自我发展的能力。一个具有较强创业能力的大学生可以通过自主创业活动帮助增加就业岗位，以缓解社会的就业压力。作为一种新生力量，其无疑正在冲击和打破已经固化的利益格局和力量分布。在中国经济日益发展的大背景下，年轻人实现创新创业不仅可以给中国带来前所未有的激情与活力，并且也将给中国现有的社会文明和生态带来重大变革。一个波澜壮阔的大时代正在到来。

五、有利于大学生谋求生存与自我价值实现

价值自觉是价值存在的认知状态，是对一切价值事实、价值关系、价值现象的能动反映，是人们价值生活的经验在头脑中积淀而成的有关价值意识、价值关系的一种理性价值意识，是人们进行价值评判、价值选择、价值追求、价值创造和价值实践的内在依据。一个人是否达到了这种认知状态，必须通过实践行为来揭示。

大学生的价值自觉是其对自身主体意识和主体地位的理性思考和认识，是大学生经过对自身存在意义与客体价值关系的反省而达到的一种精神上的自觉，它能够使大学生从本能的、自然的生存状态中走出来，形成一种积极的、主动的和深思熟虑的精神状态。创新创业中的自我决策机制，会让年轻人把握自己命运的意识更加强烈，他们要掌握更多的

知识，努力做出正确的决策，这意味着自我价值的实现，也意味着更大的责任，这就倒逼年轻人必须努力提升自己。一代人决策意识的觉醒和决策能力的提高，会首先在表现在个体和组织层面，进而向更为广阔的经济领域和社会领域过渡。大学生通过创新创业，可以把自己的兴趣与职业紧密结合，做自己感兴趣、愿意做和认为值得做的事情，从而在五彩缤纷的社会舞台中大显身手，最大限度地发挥自身的才能。

第三节　石油精神与创新创业教育

用"苦干实干""三老四严"为核心的企业精神深化社会主义核心价值观教育为学生指明航向、夯实基础、营造氛围，对于丰富教育内容、创新教育形式、提升教育效果具有天然的优势，它是实现校园文化与社会文化对接的有效途径，体现了立德树人的本质要求。

大学生思想政治教育要有具针对性和时效性，更要注重传承与创新。石油类高校的传统文化资源极具行业特色，石油精神教育对于培养青年学生的社会主义核心价值观也具有独特的作用。当前，石油行业的思想正呈现多元化发展，大学生的人生观、价值观正处在形成的重要阶段，石油院校应该充分重视和利用自身独特的教育资源和手段，构建完善的大学生思想政治教育体系。

一、石油精神有助于促进创新创业教育

溯源石油精神的根本可以看出，它从中华民族优秀传统文化中汲取了宝贵的精神营养。独立自主、厚德载物的拼搏精神涵养了石油行业自强不息、坚忍不拔的创业精神；仁民爱物、平等正义的待人之道孕育了石油行业情礼兼顾、诚信有节的经营之道；海纳百川、兼容并蓄的博大情怀厚植了石油行业融入全球、共建人类命运共同体的责任意识；克勤克俭、以和为贵的生活理念铸造了石油行业降本增效、构建和谐企业的人文关怀。石油精神植根于中华民族优秀传统，形成于艰苦创业年代，是广大石油人共同的价值追求和精神信仰。

领悟石油精神，要将其放在文明发展大潮和能源发展大势中重新定位。从其发展延续的历史脉络来看，石油精神是大庆精神、铁人精神的凝练和升华；而当下的石油精神，已从"爱国、创业、求实、奉献"发展为与社会主义现代化生产实践和社会生活相适应的一种现代形态的行业意志，成为和平年代中华民族宝贵精神的独特典范。在社会主义市场经济的伟大实践中，石油精神与时俱进，融入经济社会发展大势；在追求科学发展、关注质量效益的改革中，石油精神责无旁贷地融入了现代管理理念；在利益多元化、竞争日趋激烈的百年历程中，石油精神以更高层次的奉献观内化为广大石油员工的优秀个人品质。石油精神契合时代要求，富含时代气息，具备时代价值，是新时代百万石油员工坚守的宝贵精神信仰。

石油精神汇聚了我国几代石油人崇高的思想境界、高尚的人物品格、不朽的豪情壮志，是习近平新时代中国特色社会主义思想在石油战线的生动体现。习近平总书记指出，文化自信，是更基础、更广泛、更深厚的自信。石油行业作为社会经济中的骨干力量，理应成为践行社会主义先进文化的典范和传承中国精神的主体力量，以新时代石油精神引领行业文化建设。

行业文化建设是一项长期而系统的工程，要与时俱进、常做常新，更要因事而化、因势而新。任何优秀的行业文化，都是伴随行业的不断建设革新、员工的共同成长与发展而逐渐形成的，属于得到行业普遍认同的价值理念。具体而言，我国的石油行业涵盖众多地域和人员，工作环境、地域文化，员工的年龄结构、职业素养差异颇大，弘扬石油精神同样面临多元挑战。因此，石油企业文化建设必须在统一布局的前提下倡导尊重个性发展。所谓尊重个性，就是在秉承石油精神核心理念的前提下，深入挖掘凝练地域文化特色，建设符合当地企业发展需求的石油企业个性文化，从而增强员工的认同感和向心力。因此，传承和弘扬石油精神，只有扎根基层、厚植地方、融入特色，才能真正在践行过程中做到知行合一、基业长青。

石油工业在发展和壮大的过程中孕育形成了以"苦干实干""三老四严"为核心的石油精神，这种精神是石油人艰苦创业、为国分忧、为民族争气的源头活水，成为支撑石油工业发展的优良文化基因。新时代，要依托行业发展历史打造教育阵地，拓宽教育渠道，丰富教育载体，让员工铭记历史功勋，培育与行业发展契合同向的个人价值观，激发大家积极弘扬优良传统，以更加振奋的精神状态和更加高扬的斗志创造出无愧于历史和时代的新业绩。

创新创业精神的培养就是帮助学生树立一种思想、具备一种精神，相较于培养大学生创新创业能力，创新创业精神的培育难于量化和评估，却又至关重要。这种精神的培养、意识的建立要贯穿于教育的全过程和教学的各个环节，从而对学生产生持续的、潜移默化的影响。现代社会的发展需要不断推陈出新，每个人都应该具备创新创业的内在精神，有了这种精神，无论做何种工作，都能做出一番不俗的成绩，成就一番恢宏的气象，开辟一片属于自己的天地。传承弘扬石油精神，有利于使创新创业教育在高校传承中发挥巨大的作用，也更有利于我们走好新时代的中国道路。

二、创新创业教育有利于石油精神的传承

弘扬石油精神，传承"振兴基因"，要做到"学习新知识，钻研新业务、掌握新技能"。作为新时代的石油人，学习既是根本也是关键。只有不断学习，才能跟上时代的脚步；只有不断钻研，掌握新的技能，才能为行业的发展做出贡献。除此之外，我们还要积极探索加强石油精神教育的新形式和新方法，坚持不懈地把石油精神融入广大从业人员的思想建设之中。丰富行业文化建设的思想内涵，探索更加有效的教育文化载体，充分运用各种媒介，大力传播反映石油精神的文艺作品，开展学习先进优秀人物的先进事迹及主题交流座谈会，引导唱响"我为祖国献石油"的主旋律，不断增强石油精神教育的针对性和实效性，让石油精神落地生根。

大力弘扬石油精神与创新创业教育的目标和实践方式相一致，将石油精神融入双创教育，有利于引导大学生培养形成艰苦创业精神。在新时代传承"苦干实干"优良传统，就是要将国家和社会利益放在首位，树立正确的利益观和苦乐观，拥有不辞辛苦、不惧艰难的决心和毅力。

而对高校学生进行创新创业教育，有利于促进更多的学生继承与发扬艰苦奋斗的精神，创新创业能力的训练和发展需要石油精神中的英勇魄力和顽强精神，石油精神在新时代的内涵也包括创新创业的奋斗本色。新时代是奋斗者的时代，高校大学生也要像石油工人一样，大力发扬迎难而上、愈难愈进的精神，敢于斗争、敢于胜利，解放思想、开拓创新，勇敢超越、勇创一流，脚踏实地、真抓实干，从而不断探索创新创业的新领域。我们要坚持以创新创业文化为驱动，将社会主义核心价值观融入创新创业教育全过程，形成"创新创业激发能源使命，铁人精神铸就一流人才"的特色创新创业文化氛围，培育师生形成正确的创新创业价值观。通过创立大学生创新创业相关服务网站和微信公众号，为大学生搭建创业交流的网络平台。根据学生的创新创业需求，采用图表、动漫、视频等方式，分时段、分类别地推送创新创业的相关政策措施和优秀典型，进而激发师生的创新创业热情。